Léon Werth • 33 Tage

Léon Werth

33 Tage

Ein Bericht

Aus dem Französischen
von Tobias Scheffel
Mit einem Nachwort
von Lothar Baier

Verlag Antje Kunstmann

Erste Auflage 1996
© der deutschen Ausgabe: Verlag Antje Kunstmann GmbH,
München 1996
© der Originalausgabe: Editions Viviane Hamy, Paris 1992
Die Originalausgabe erschien unter dem Titel *33 jours. Récit*
Umschlaggestaltung: Michel Keller, München
Satz: Schuster & Junge, München
Druck & Bindung: Clausen & Bosse, Leck
ISBN 3-88897-174-8

INHALT

Es war die Zeit, als sie sich »korrekt« verhielten,
die jener anderen Zeit vorausging, als sie uns
»Lektionen der Höflichkeit« erteilten.

VON PARIS NACH CHAPELON.
DIE KARAWANE

Am 10. Juni elf Uhr vormittags begegne ich Tr... auf der Avenue des Champs-Elysées. Wir beschließen, zum Continental zu gehen, »um etwas zu erfahren«. Mitten auf der Fahrbahn reißt ein Arbeiter mit einem Preßlufthammer ein paar Steine aus dem Pflaster. Straßenreparatur oder Verteidigung gegen Panzer? Währenddessen sprüht ein Rasensprenger seine Wasserperlen über das Gras einer Grünfläche. Der Rasensprenger bringt uns auf kindliche Gedanken, er beruhigt uns: »Wenn es ernst wäre, dächte man nicht daran, den Rasen zu sprengen...«

»Geh mit Gott...«, sage ich zu ihm, als wir uns trennen. »In Kriegszeiten gibt es Gott«, sagt er zu mir. Das ist keineswegs ein Glaubensbekenntnis. Er will damit ausdrücken, daß weder er noch ich Einfluß auf die Ereignisse haben, daß die Geschichte sich ohne unser Zutun vollzieht.

Die Rue d'Assas, wo ich wohne, ist leer. Die Leute, die ein Auto zur täglichen Verfügung haben, die ihren Wagen direkt am Straßenrand stehen lassen, während sie zu Mittag essen, sind längst abgereist. Ich habe es mit der Abreise nicht eilig. Die klügsten, die sachkundigsten Ratschläge haben meine Überzeugung nicht beeinflußt. Das hat nichts mit Vernunft zu tun. Meine Gewißheit und meine Sicherheit ruhen tief in mir, in einem Bereich, in den weder strategische Überlegungen noch die Vernunft vordringen. »Paris ist Paris, und daß die Deutschen in die Stadt eindringen ist unmöglich.«

Doch in der Nacht hat mir A… den freundschaftlichen, den brüderlichen Befehl gegeben, sechzig Kilometer Abstand zwischen die Deutschen und uns zu bringen. Ich bin entschlossen zu gehorchen, aber eigentlich nur ihm zuliebe. Ich glaube, daß er sich als Freund Sorgen macht, so wie auch ich im vergleichbaren Fall, daß er selbst die Gefahr klar sieht und nur um uns Angst hat.

Wie jedes Jahr machen wir uns auf den Weg in Richtung Saint-Amour, unseren Fixpunkt zwischen Jura, Bresse und unterem Burgund. Wir fahren am 11. Juni neun Uhr morgens los. Wir rechnen damit, daß wir gegen fünf Uhr nachmittags ankommen, ohne uns zu hetzen. Doch was für ein seltsamer Aufbruch. Ein Rußtrichter hängt über Paris. Ich habe nie herausgefunden, was für eine dicke schwarze Wolke das war. Rauch der Benzinreservoirs von Rouen? Eine Kriegslist, erfunden von uns, erfunden von den Deutschen?

Ich lasse den Krieg hinter mir. Ich mache mir nichts vor. Ich gönne mir einen Entspannungsurlaub. Seit September vergangenen Jahres habe ich versucht, nicht zu lügen und mich nicht zu belügen. Ich habe die Rolle von Don Diego akzeptiert. Und ich glaube, daß es für Jahrhunderte keine Zivilisation mehr geben wird, wenn der Soldat sich nicht

an den Boden krallt, wie General Weygand* gesagt hat.
Gerade erst in dieser Woche habe ich versucht, dieses Sich-
Festkrallen genauer zu bestimmen, mich in die Haut des
Soldaten zu versetzen, der sich festkrallt. Ich habe gelitten
unter einer solchen Zustimmung zum Heldentum. Nur
dieses Leiden hat mich getröstet und beruhigt.

Porte d'Italie, Villejuif, Thiais. Der Verkehr ist wie an
Werktagen. Bald ist die Straße so voll wie an einem Sonn-
tagabend. Ich halte an einer Tankstelle. Die Frau, die den
Schlauch mit hocherhobenen Armen hält: Ich habe sofort
das Gefühl, daß zwischen ihr und mir etwas anderes statt-
findet als ein Treibstoffverkauf. Sie erwartet mich. Reglos
hält sie den Schlauch über ihren Kopf, sie macht keinen
Schritt auf den Benzintank am Wagen zu. Ihr Blick sucht
den meinen. Und sie sagt: »Rußland hat Deutschland den
Krieg erklärt...«

Ihre Augen füllen sich mit Tränen. Meine ebenfalls. Wie
weit zurück scheint das alles zu liegen, die Diskussionen
über Stalinismus und Revolution! Rußland schickt seine
Armeen in den Kampf. Und die Deutschen, in Compiègne
oder Pontoise, machen wie von der Tarantel gestochen
kehrt.

Soll ein Historiker mich wegen meiner Leichtgläubig-
keit verspotten. Aber wie begierig hatten wir auf solche
Nachrichten gewartet! Gewiß, es waren Gerüchte in Paris
umgegangen, waren schnurstracks durch die Flure der

---

* General Maxime Weygand war im Mai 1940 Oberbefehlshaber der
französischen Armee, Juni-September 1940 Verteidigungsminister
der Vichy-Regierung.

Straßen geeilt, in die Hausmeisterlogen, die Kneipen und durch die Fenster in die Wohnungen gelangt. Aber sie waren nicht falsch, sie kündigten eine Katastrophe an, die am Tag darauf bestätigt wurde.

Und Sie werden schon verstehen, daß ich mir diese Nachricht nur zögernd zu meiner Nahrung machte. Ich näherte mich einem haltenden Lastwagen. Drei Männer saßen auf der Fahrerbank. »Ist es wahr, daß... haben Sie gehört...?« – »Rußland... Ja, natürlich...«

Jenem in den Krieg eintretenden Rußland begegnete ich auf dem ganzen Weg, als die Überfüllung der Straße zum Stau wurde, als sich die Autos in Viererkolonnen fortbewegten, und als die Nacht hereinbrach, wartete es auf mich, hockte in einem kleinen Dorf, in einer Dorfgasse, weit abseits des großen Fluchtweges.

In Plessis-Chenet sperrt man uns den Weg nach Fontainebleau, wir werden umgeleitet in Richtung Pithiviers, Orléans, ich weiß nicht genau. Aber wir stecken in einer endlosen Karawane. Wir sind nur noch Glieder einer endlosen Kette, die sich mit einer Geschwindigkeit von zehn, von fünf Stundenkilometern langsam über die Straße zieht... Sechs Uhr abends, in dem Dorf Auverneaux, sind wir vierzig Kilometer von Paris entfernt. Wir finden ein Zimmer. Biedere Leute, die Paris mit dem Fahrrad verlassen haben, sind schon da. Vor dem Radioapparat weint eine Frau: das *Radio-Journal de France* hat von Rußland nichts gesagt.

Wir fahren am nächsten Tag, dem 12. Juni, vier Uhr morgens weiter. Wir glauben, daß niemand so früh aufsteht. Aber wir finden uns in der Karawane wieder. Wir fahren mit brummendem Motor im zweiten Gang, meistens im ersten, zwanzig Meter und wieder zwanzig Meter. Dann ein Stillstand von sechs oder sieben Stunden, ich weiß nicht mehr genau. Sechs oder sieben Stunden in der Sonne. Doch in der Menge, die die Böschungen der Straße säumt, in der sich hinziehenden Menge, in dieser ausgewalzten Menge gibt es noch keine schlechte Stimmung, nicht einmal Ungeduld. Sie gibt nach, sie glaubt, militärischen Notwendigkeiten nachzugeben. Und das Gerücht verbreitet sich von einem zum anderen, Munitionswagen führen auf einer Seitenstraße vorbei.

Bei Einbruch der Dunkelheit halten wir in Milly. Wir haben sechzehn Kilometer in fünfzehn Stunden zurückgelegt.

Auf dem Dorfplatz stehen zahlreiche Autos, zum Ausruhen oder wegen einer Panne. Die Hotels und Cafés sind voll, doch die Menge ist nicht beunruhigt. Der Autoverkehr wird geregelt. Der Ortskommandant hat eine kleine Werkstatt eingerichtet, wo Feuerwehrleute den Autofahrern helfen, die eine Panne haben. Freundlich und gut gelaunt. Und Monsieur Popot, von Beruf Mechaniker, dosiert routiniert die Mischung aus Öl und Benzin, mit der die Kupplung eines alten Bugatti geschmiert werden muß.

Der Markt hat ein schönes Dach aus alten Ziegeln. Wir finden Asyl in einem Café, das wie ein Tanzlokal aussieht. Ein weiträumiger Saal: ein Klondyke-Saloon wie aus dem Kino. Der Spiegel, die Palmen, die gelblichen Wände, die braunen Holzleisten, die rot gewachsten Tische bilden das

Jahrmarktsdekor für ein wildes Fest. Die Chefin hinter der Theke ist eine energische Blondine; die Kellnerin, dunkelhaarig und schlagfertig, eine gewitzte Soubrette, eilt durch den Raum. Es gibt nirgends ein Abendessen mehr, doch man erlaubt, daß wir unsere Sardinendose holen.

Am anderen Ende des Raumes sitzen zwei Soldaten einander gegenüber. Der Tisch mit einer Flasche Rotwein trennt sie. Sie gehören zusammen, sprechen aber nicht miteinander. Sie sitzen vollkommen regungslos auf ihren Stühlen. Sie sehen einander nicht an. Und ihre Blicke sind auf zwei verschiedene Punkte des Fußbodens gerichtet. Um sie herum ist die Aura von etwas Ewigem.

Die Hotels sind voll. Wir schlafen und frühstücken am nächsten Tag bei einem Lebensmittelhändler. Man bittet uns an den Familientisch. Zwei Tage haben ausgereicht, damit wir uns wie in der Fremde fühlen: Schon spüren wir den Wert der Ruhepause, der Zuflucht, der Gastfreundschaft. Es sind keine Händler, keine Vermieter. Sie winkten ab, als wir, aus Anstand, den Preis verdoppeln wollten, den sie von uns verlangten.

Wir nehmen wieder unseren Platz ein in der Schneckentempo-Karawane. Die Straße nach Nemours ist gesperrt. Wir versuchen über Château-Landon und Saint-Julien-du-Saut nach Joigny zu kommen. Aber wir werden über Malesherbes geleitet.

Die Autos drängen sich wie vor einer Schranke. Die Fußgänger überholen sie. Kein Motor liebt diese Fahrweise. Doch der Dreiliter-Bugatti von 1932 streikt. Sein Kühlwasser kocht. Wir halten, wir fahren wieder an; doch

14

jedes Anfahren wird zu einem Problem. Denn die Kupplung hat alle möglichen Vorzüge, nur nicht den, geschmeidig zu sein. Ich versuche, sie zu überlisten. Nach ein paar Stunden wird das sehr anstrengend. Es geht auf die Nerven. Der Ernst der Lage ändert daran nichts. Umso weniger als der Ernst der Lage und die Sorge um die Mechanik sich gegenseitig steigern. Wir haben Angst, mit einer Panne liegenzubleiben.

Hinter der Kreuzung der Straße nach Pithiviers fängt das Kühlwasser wieder an zu kochen. Die Straßenböschung hat die Breite eines Autos, ich fahre aus der Karawane heraus und halte auf dem rechten Böschungsstreifen. Die Straße führt an einem Wald entlang. Die Karawane zieht vorbei. Alte Autos sind aus ihren Schlupfwinkeln in den Vorstädten gekommen oder aus einem Karosseriemuseum oder aus den Lagern, wo die Zigeuner überwintern. Sie schieben sich zwischen gutbürgerliche Citroëns 10 CV mit flachen Koffern und Matratzen auf den Dächern. Es ist das Königreich der Matratzen. Man könnte meinen, Frankreich sei das Land der Matratzen, die Matratze sei das kostbarste Gut der Franzosen. In vielen Autos haben sich alte Frauen ausgestreckt, die nicht mehr aus sich selbst hinausblicken, und Kinder schlafen, als wären sie tot. Die Lastwagen sind wie das Zwischendeck eines Auswandererschiffs mit Gepäck vollgestopft und mit Menschen, die in Reihen übereinander auf dem Gepäck stehen oder unter den Planen aufgereiht sind wie Zuschauer im Theater. Durch die Scheiben sieht man Hunde, Katzen und Vögel in ihren Käfigen. Vor einem Kühler ist ein Äffchen angebunden.

Ein Auto zieht einen winzigen Karren hinter sich her, auf dem ein alter Arbeiter sitzt, der die Beine über die Ränder hängen läßt. Er hat nur ein paar Bündel und ein Fischernetz mitgenommen. Die Karre ist aber nicht nur mit einem einfachen Seil für ein vorübergehendes Mitschleppen an dem Auto festgemacht, sondern sie ist kunstvoll angehängt. Ein ganzes System von Seilen, Stangen und Drähten vereinigt die beiden Fahrzeuge für eine lang anhaltende Verbindung, vereinigt zwei Schicksale. Dergleichen Liebesdienste, dergleichen Gefälligkeiten wird es morgen nicht mehr geben.

Die Karawane der Autos wird von Männern und Frauen auf Fahrrädern und humpelnden Fußgänger überholt. Deren Köpfe scheinen wie zum Boden gezogen. Die einen tragen Rucksäcke, andere einen oder zwei Koffer. Kann man sich vorstellen, wie anstrengend das Gehen mit Koffern in den Händen ist? Andere schieben einen Kinderwagen, beladen mit Kindern oder mit Bündeln, dem Wertvollsten ihres Besitzes, oder sie schieben und ziehen die ausgefallensten, von Bastlern gebauten Fahrzeuge aus Brettern und alten Fahrradrädern. Eine Frau sitzt auf dem Brett eines dreirädrigen Gepäckrads, der Mann tritt in die Pedale. Ein alter vereinzelter Radfahrer führt seinen Hund an einer Leine.

Die Karawane rückt im Schrittempo vor, hundert Meter, fünfzig Meter, fünf Meter. Ich kann mir nicht einmal erlauben, diesen Strom mit seinem wechselnden Lauf zu betrachten. Meine automatisch gewordenen Autofahrerreflexe zwingen mich, die einzelnen Tropfen zu unterscheiden. Ich schätze ganz mechanisch die Marken der Autos und ihre Pferdestärken. Die Karawane bewegt sich vorwärts und quietscht wie die Kette eines Brunnens. Sie hat keinen Anfang und kein Ende. Mich verfolgt der idiotische Satz: »… die Horizontlinie ist eine gedachte Linie an der Schnittfläche des Himmels mit der endlosen Linie der Autos.«

Ein Wagen hält, eine junge Frau sitzt am Steuer. Wie eine sich windende Raupe überholt ihn die Karawane. In dem Wagen sitzen noch eine andere Frau und ein alter Mann. Die Fahrerin stützt sich auf das Lenkrad, dann hebt sie verzweifelt die Arme. Sie hat ihren Motor abgewürgt, ihr Anlasser geht nicht mehr, sie hat keine Motorkurbel. »Schalten Sie die Zündung ein und kuppeln Sie aus… wir schieben Sie an und wenn Sie etwas Geschwindigkeit haben, lassen Sie die Kupplung los…« Sie schläft, sie versteht mich nicht, man könnte meinen, eine Schlafwandlerin; sie verwechselt Auskuppeln und Einkuppeln. Wir schieben das Auto noch einmal an, der Motor läuft, das Auto fährt los und schwankt einen Augenblick auf der Straße.

Die riesigen zweirädrigen Karren der Bauern aus den Departements Seine-et-Oise und Seine-et-Marne mischen sich unter die Karawane. Sie werden von mächtigen Pferden gezogen, oft sind zwei Pferde hintereinander gespannt. Sie sind beladen mit Bettzeug, Körner- und Futtersäcken. Ein Fohlen auf einem der Karren genießt das Vergnügen, gefahren zu werden. Es schlägt mit allen Vieren aus, manchmal nach vorn, manchmal nach hinten, wie der Beginn eines epileptischen Anfalls. Die unter den

Karren angeleinten Hunde wedeln noch fröhlich mit den Schwänzen.

Ein Bauernhof ist in der Nähe. Leute bereiten sich darauf vor, dort die Nacht im Stroh zu verbringen. Sie sind müde, aber nicht aufgeregt. Die Schlacht liegt weit hinter ihnen, weit hinter Paris. Sie finden sich mit dem erzwungenen Picknick, mit dem Kampieren ab. Morgen werden die Straßen nicht mehr verstopft sein.

Wir erreichen Puiseaux bei Dunkelheit. Wir haben am Tag fünfundzwanzig Kilometer geschafft. Wir finden einen freien Platz auf einem Rübenfeld. Die Nacht verbringen wir im Auto. Auf einer entfernten Straße fahren Militärkolonnen vorbei. Die auf das Pflaster schlagenden Hufe der Pferde machen ein Geräusch wie Regentropfen, die auf ein Dach trommeln.

Fünf Uhr morgens geht meine Frau ins Dorf, steht dort bis acht vor einer Bäckerei Schlange und bringt ein Pfund Brot mit. Zweihundert Meter von dem Rübenfeld entfernt gibt es eine Quelle. Ich hatte das Wunder des Wassers vergessen, das Wunder der vorausschauenden Gemeindeverwaltungen. Ich spüre noch, wie das Wasser über meine Hände fließt. Im Dorf finde ich ein Päckchen Tabak. Ein paar Minuten später ist der Tabakladen geschlossen.

Puiseaux hat die Form einer Bergkuppe, eines Ameisenhaufens, auf dessen Spitze man eine Kirche gesetzt hat. Ich bin müde. Es kommt mir vor, als stiegen und wänden sich die Straßen endlos. Ich verlaufe mich. Ich werde eine Stunde brauchen, um mein Rübenfeld wiederzufinden. Die Straßen sind voll von Flüchtlingen, mit Autos, mit

Handkarren, aus dem Norden, aus Paris, aus Seine-et-Marne. Es ist ein Stück der Karawane, der zerstückelten Karawane. Die Menge ähnelt nichts, was ich kenne. Neben mir sagt jemand: »Wie auf der Canebière in Marseille.« Aber man spürt in ihr eine dumpfe Wut, eine angestaute Ungeduld.

Auf der Straße lauscht eine vor einem Fenster zusammengedrängte Gruppe dem Radio. Ich trete näher. Ich wäre nicht in der Lage, mich an die Nachrichten zu erinnern, die durch die Umschreibungen des *Radio-Journal* mitgeteilt wurden. Der Vormarsch der Deutschen wurde kaum verschleiert. Ich meine, an jenem Vormittag ein ganz außergewöhnliches »hinter Paris« gehört zu haben, das mich an die Kämpfe im Westen Brüssels erinnerte, als man die Einnahme der Stadt noch keineswegs gemeldet hatte. Doch für uns Nomaden, zu denen wir geworden sind, handelt es sich einstweilen noch um das Vordringen der Deutschen, von dem die Schlagzeilen der Zeitungen berichten. Sie dringen vor, sie überqueren die Somme, die Oise. Selbst wenn sie die Seine überqueren, ist noch nichts verloren. Man wird an der Loire kämpfen. Es fehlt uns nicht an Flüssen, und die Strategie ist die Wissenschaft von den Flüssen.

Währenddessen redet ein Offizier mit drei Tressen, ein großer Bursche mit einem Beduinenschädel, auf die Menge ein, er ermahnt sie zur Zuversicht und beweist nebenbei, daß die Schuld für unser vorläufiges Zurückweichen bei einer politischen Hälfte Frankreichs liegt, zu der er jedenfalls nicht gehört.

Ich gehe in ein Café: Die Nomaden drängen sich, wie

ein Fliegenschwarm, um ein Zuckerstück, um den Wirt, der die Gläser, die man ihm hinhält, zur Hälfte mit einem gelblichen Kaffee füllt. Und zum erstenmal höre ich den Satz, ausgesprochen von einer schläfrigen Frau mit mürrischem Gesicht: »Frankreich ist verkauft.«

Wir verlassen das Rübenfeld. In dem benachbarten Auto kämmt eine ältere Dame sehr sorgfältig ihr blondes Haar. Wir versuchen vergeblich, auf die Landstraße nach Château-Landon einzubiegen, um über Auxerre auf die Route nationale Paris-Lyon zu gelangen. Wir werden in Richtung Montargis geleitet. In Beaumont gebe es Benzin, heißt es. Aber die Benzin betreffenden Nachrichten gleichen jetzt denen vom Krieg. Es sind Mythen, die umgehen und die wer weiß woher stammen.

Eine Abteilung Infanteristen ruht sich auf einem freien Platz zwischen zwei Häusern aus. Einige haben sich auf den Boden gelegt und schlafen. Die anderen sind stehen geblieben und betrachten mit gleichgültiger Miene die über das Dorf zerstreute Karawane. Ich gehe zu ihnen. Sie waren an der Somme dabei. Ich erwarte von ihnen ein paar klare Auskünfte, etwas Hoffnung. Aber ich habe nur seltsame, resignierte Soldaten vor mir. Ich suche in ihnen die Seele, einen tieferen Grund, die Entscheidung, das Wollen. Sie geben mir ihr Geheimnis nicht preis. Sie reden als Soldaten. Sie haben es satt. Ich höre von ihnen nur ein paarmal: »Daraus darf man sich nichts machen…«

Die unsichtbare Obrigkeit, die sich nicht um den Verkehrsstau, nicht um Brot und Benzin kümmert, wacht mit großer Aufmerksamkeit über unsere Route. Sie leitet uns über gewundene Nebenstraßen nach Corbeil-en-Gâtinais und Lorcy. Bei Einbruch der Dunkelheit erreichen wir das Dorf Ladon. Wir haben am Tag etwa fünfundzwanzig Kilometer zurückgelegt, ungefähr ein oder zwei Kilometer pro Stunde. Wir können nicht mehr. An einer Wegkreuzung sehe ich einen Kilometerstein: CHAPELON 4 KILOMETER. Der Weg ist leer. In meiner Erinnerung ist er schattig und ländlich. Ich löse mich von der Karawane, ich befreie mich von der sich ruckweise bewegenden Karawane. Ich biege in den Weg nach Chapelon ein, wo wir wenigstens Stille und sauberes Heu zum Schlafen finden werden.

Warum von dieser Suche nach ländlichem Asyl, von diesem Bedürfnis nach Bequemlichkeit reden? Es ist anekdotisch und völlig uninteressant. Doch wenn wir uns nicht zu diesem Abstecher über den Weiler Chapelon entschieden hätten, wären wir auf unserem Weg nicht auf dieselben Umstände und dieselben Menschen getroffen. Wir hätten weniger riskiert oder auch mehr. Wir hätten diesen oder jene nicht kennengelernt, von denen ich zu sagen wage, daß wir durch sie historische Geheimnisse berührt haben, daß sie uns ein paar Verbindungsstellen zwischen der Geschichte und dem Menschen enthüllt haben.

Vier Kilometer freie Straße, den Wagen beschleunigen, das Gehirn des Wagens sein, den Wagen spüren wie man seinen Körper spürt, die Hülle des Wagens wie eine Verlängerung seines eigenen Körpers spüren, dahingleiten.

Auf dem Dorfplatz bildet eine Gruppe von Bauern einen dichten Kreis, scheint auf den Boden gestellt wie eine

Denkmalgruppe... Ich nähere mich ihnen. Keinerlei Zeichen des Mißtrauens, aber man schätzt mich ab, man beurteilt mich. Ich falle vom Mond in einen Kreis ländlicher Honoratioren. Alle Augen sind auf mich gerichtet. Ich habe meine Last als Pariser zu tragen. Man weist mich nicht zurück, man schickt mich nicht weg. Man prüft mich. Ein alter Mann sieht mich mit der gleichen Unschuld an, als betrachte er den Horizont. Und unter den Gesichtern unterscheide ich eines, das beweglicher und ausgeprägter ist. So muß das Gesicht des jungen Voltaire, ich meine den Voltaire im Alter von fünfundvierzig Jahren, gewesen sein. Dieses Gesicht wirkt neugieriger als die anderen, listiger. Diese Augen lasten nicht auf mir, sie bringen mich durcheinander.

Unser Heldentum beschränkt sich bisher auf gerade drei Nächte ohne Bett. Im Grunde bin ich der Meinung, daß ein Bett etwas Angenehmes ist. Aber ich bin nicht so dumm. Auch ich bin nicht ohne Gerissenheit. Und wenn es sein muß, kann ich scheinheilig sein. Ich bitte nur um ein Dach gegen das schlechte Wetter und um ein bißchen Stroh.

Abel Delaveau (ich gebe ihm hier seinen richtigen Namen) war unser Gastgeber. Ich wusch mich mit dem Wasser seines Brunnens, wir saßen an seinem Tisch, und wir schliefen am Abend in einem Zimmer seines Hauses, in einem richtigen Zimmer, in einem Bett, einem richtigen Bett. Ich betrachtete mit staunendem Interesse seine Penduluhr von 1880 auf dem Kaminsims, die gerahmten Photographien und das Plumeau des roten Federbetts.

Als Kind habe ich schöne Geschichten über die Gastfreundschaft gelesen. Der Gast ist dem biblischen Patriarchen heilig, ebenso dem Griechen der *Ilias* und dem Beduinen in seinem Zelt. Abel, Monsieur Abel, wie man Sie in Chapelon oft nennt, dank Ihnen brauche ich mich nicht nach der Antike zu sehnen... Die Gastfreundschaft gibt es auch in den modernen Zeiten, und sie ist da noch schöner, denn sie ist kein Ritus, sondern ein Geschenk.

Der von Mauern eingefaßte Hof, in den das Abendlicht fällt, ist weiträumig, voller Ruhe und Stille. Das Haus, die Scheunen, die Ställe für Pferde und Kühe bilden ein schönes Ensemble. In der Hauswand hat man ein gotisches Mauerstück bewahrt, wie man ein Schwalbennest schützen würde. Ich war mit Abel Delaveau erst im Stadium des Bedankens. Ein paar Worte über den Krieg veränderten alles. Diese Unterhaltung will ich erst später wiedergeben. An diesem Punkt meines Berichts lasse ich sie zunächst noch beiseite. Ich sage nur, daß sie uns zeigte, daß es uns beiden nicht an einer gemeinsamen Sprache fehlte. Wir haßten beide den Krieg und zwar in gleicher Weise und über das Maß hinaus, in dem er über unsere Familien hereingebrochen war und unsere persönlichen Interessen gestreift hatte, über das Getroffensein unserer Verwandtschaft oder unserer Interessen hinaus in gleicher Weise, wir widmeten dem Krieg eine über sich selbst erstaunte Bereitschaft, und wir wußten, daß Hitler dafür verantwortlich war, daß aber Hitler nicht so groß war, wie man ihn machte, und daß er sich nicht von allein hervorgebracht hatte.

Mich mit einem Bauern zu unterhalten, ist mir noch nie schwer gefallen, mit einem Arbeiter hingegen oft. Ein

Bauer kann die Wörter in die Hand nehmen wie er eine Ähre oder ein Weizenkorn in die Hand nimmt. Der Städter lernt von ihm, Weizen und Hafer zu unterscheiden und sich nicht über Getreide auszulassen. Der Arbeiter hat von der Stadt und aus den Zeitungen das Spiel mit wirklichkeitsfremden Vorstellungen, das Jonglieren mit falschen Gewichten gelernt. Er kann schlecht die Sache, die Abstraktion und die Leidenschaften, die man ihm einimpft, unterscheiden, wenn er sich in der Masse befindet.

Kurz, Abel Delaveau hatte gelesen. Ein Beamter, dem ich ihn, auf diese Weise vereinfachend, erklärte, fragte mich unverzüglich, und seine Frage kam sofort und wie aufspringend, als hätte ich eine Feder im Inneren seines Wesens berührt: »Sind Sie sicher, daß er es geistig verarbeitet hat?...« Viele Franzosen mit Abitur halten diese Form der geistigen Verarbeitung für eines ihrer Privilegien. Ich meinerseits habe Angehörige des höheren Schuldienstes gekannt, die absolut nichts verarbeitet hatten.

Einen Augenblick dachte ich an Emile Guillaumin, zu dem mich Valery Larbaud eines Tages geführt hat. Aber ich hatte keine Zeit, Guillaumin als Bauern kennenzulernen. Ich sehe ihn noch, wie er eine Kuh im Stall anbindet; die gleiche Scham, die uns davon abhielt, dem Gespräch eine Wendung ins Literarische zu geben, hielt ihn vielleicht davon ab, ihm eine bäuerliche Wendung zu verleihen. Doch Abel Delaveau, durch und durch Bauer aus Tradition und freiem Willen, ist auch – und einem solchen war ich noch nicht begegnet – begeisterter Bauer. Und das umso mehr, als er sich keineswegs auf die Landarbeit beschränkt.

An diesem ersten Abend in Chapelon ahnte ich noch nicht, daß aus dem Lied von der Rückkehr aufs Land eine Mode oder eine Parole werden sollte. Für gewöhnlich wird es von Bürokraten oder Akademikern gesungen, die nur beweisen, daß sie allenfalls besondere Fähigkeiten für nicht spezialisierte handwerkliche Tätigkeit hatten. Was sie bäuerliche Weisheit nennen, ist nur ein Abbild ihrer geistigen Trägheit oder ihrer Vorurteile. Sie stellen diese der Unruhe der Arbeiter gegenüber und beruhigen sich damit selbst. Ich will Ihnen die Wahrheit sagen: Abel hätte sie eher beunruhigt. Und doch wäre er kein Bauer, wenn er einen revolutionären Katechismus übernommen hätte. Aber ich will Ihnen von Abel kein politisches Portrait liefern, und ich weiß noch nicht, ob ich dazu noch Veranlassung haben werde. Für heute genügt es mir festzustellen, daß ich nie einen regeren Geist gekannt habe, der besser in der Welt verankert gewesen wäre.

Abel führt mich in das Bürgermeisteramt, wo er eine Bibliothek eingerichtet hat. Doch ich bin müde und lese die Titel nur mit Mühe. Ich habe ein paar Bände Balzac gesehen, und das hat mir genügt. Abel zeigt mir seinen Hof: Ich bewundere die mächtigen Kruppen der drei Boulonnais-Pferde. Im Stall stehen ein Dutzend Kühe und ein Stier. Auf der anderen Hofseite über hundert weiße Kaninchen: Zitternde Eier, könnte man meinen.

Kurz vor dem Abendessen holt Abel eine Flasche Savigny aus dem Keller. Ein guter Anlaß, mit ihm über das Beaujolais und das Mâconnais zu sprechen, woher meine Frau stammt und das meine Wahlheimat ist. Abel erzählt uns, daß es zu Zeiten seines Großvaters in der Region des Gâtinais nur Weinbauern gegeben habe. Ihr Wein war schlecht, und sie verdienten kaum ihren Lebensunterhalt. Dann kam die Reblaus. Man befürchtete eine Katastrophe, den totalen Ruin. Das Land wurde durch die Reblaus gerettet. Die Weinbauern gaben den Weinbau auf und betrieben intensiven Landbau. Wer sich mit dem Geheimnis des Bodens auskennt, kann heute fünfzehn Kilometer von Montargis anständig leben.

Wir haben mit Abel, Madame Delaveau und ihren drei Kindern zu Abend gegessen. Die ganze Familie lächelte über unser Abenteuer, das alles in allem nicht sehr dramatisch war. Nach dem Abendessen schwatzten wir lange. Es war fast Mitternacht, als wir schließlich aus Rücksicht aufstanden. Denn eilig hatten wir es nicht. Nichts zwang uns, am nächsten Morgen in aller Frühe aufzubrechen. Wir waren hundert Kilomter von Paris entfernt, also weit mehr als hundert Kilometer zwischen der Schlacht und uns.

Zwischen den Bettlaken ausgestreckt spüre ich die Matratze mit allen Punkten meines Körpers. Lustvoll versinke ich in einem tiefen Schlaf.

Ich wache auf und fahre hoch, jemand klopft an die Tür. Ich erkenne Abels Stimme. Ich stehe auf, öffne die Tür. Abel hält eine Stallaterne in der Hand. Das ganze Zimmer schwankt im flackernden Licht. Abel sagt: »Der Bürgermeister hat Anweisung erhalten, das Dorf zu räumen. Alle Männer zwischen sechzehn und fünfundvierzig müssen es verlassen. Die Frauen können bleiben.«

Es ist zwei Uhr nachts. Draußen ist es stockdunkel. Wir

beraten uns, ganz durcheinander. Das Beste wäre vielleicht zu bleiben oder die Frauen zurückzulassen, damit sich jemand um den Hof kümmern kann. Doch für die Männer erscheint es undenkbar, ihre Frauen im Stich zu lassen. Man weiß nichts über die Deutschen bis auf das Verhalten, das die Zeitungen ihnen in Polen zugeschrieben haben. Und vom Hof aus sieht man in Richtung Mignières einen Feuerschein. Sicher brennen dort Dörfer.

Wir bereiten die Abfahrt vor. Madame Delaveau legt die Matratzen auf den Fußboden, holt Bettwäsche aus einem Schrank. Sie hat Tränen in den Augen. Die jüngste ihrer Töchter, die kleine Jacqueline, ein zwölfjähriges Kind, schluchzt und möchte nur in ihrem schönsten Kleid aufbrechen. »Was muß man mitnehmen?…« fragt Madame Delaveau meine Frau, als ob diese das Geheimnis der Evakuierungen kenne.

Der Widerschein des Feuers wird größer. Später erfahren wir, daß französische Soldaten das Vorratslager von Mignières angezündet haben. Abel spannt seine drei Boulonnais-Pferde vor die Heuwagen. Dann geht er in den Stall und bindet das Vieh los.

VON CHAPELON AN DIE LOIRE.
SCHLACHTENGEMÄLDE

Kein Morgenschimmer auf der Straße von Chapelon nach Ladon. Ein haltender Lieferwagen kommt mir vor wie ein unbestimmter grauer Wandbehang. Seine Scheinwerfer blitzen auf und verschwinden. Ich schalte das Abblendlicht ein. Bauern oder Soldaten auf einem Feld beschimpfen mich. Ich schalte das Licht aus. Ich schalte es wieder ein. Viermal, fünfmal, vielleicht noch öfter. Auf diese Weise habe ich vier Kilometer in weniger als einer Stunde geschafft.

Es ist hell geworden. Wir treffen wieder auf die Karawane. Wir fügen uns ein. Bis zum Einbruch der Dunkelheit werden wir etwa zehn Kilometer gefahren sein.

Im Stau steht man manchmal eine Stunde, manchmal zwei Stunden, ich weiß es nicht mehr. Wir halten vor einem verlassenen Haus, das von einem Garten umgeben ist.

Durch den Zaun sieht man Johannisbeersträucher. Meine Frau pflückt ein paar Beeren und bringt sie in der hohlen Hand mit. Sie hat vorsichtig gepflückt, um keinen Zweig abzubrechen. Doch kaum hat sie den Garten verlassen, als ein großer Kerl im Pullover hineingeht und mit einem Büschel von Zweigen als Trophäe zurückkommt.

Er ist in den Krieg eingetreten, den des Siegers wie den des Besiegten. Unsere Achtung vor den Johannisbeerzweigen ist bereits anachronistisch.

Militärlastwagen überholen auf der zweiten Spur. Es ist eine reguläre, geordnete Kolonne. Aber auch ihre Schlange gerät ins Stocken.

Die Leute aus der Karawane, die nicht in den Autos schlafen, vertreten sich auf der Böschung die Beine. Ein Offizier, der neben einem Lastwagen auf und ab geht, fragt uns, ob wir Hunger haben, ob es hungrige Kinder gebe. Er läßt Kekse aus der Marschverpflegung verteilen. Sein Gesicht ist ernst und traurig.

Ein Artillerist bietet mir ein Viertel Weißwein an. Ich trinke es in einem Zug. Ein Motorradfahrer hält sich im Gleichgewicht, indem er sich an die Tür eines Autos lehnt, und erklärt einem Gefährten die Gleichgewichtsregeln beim Motorradfahren, zeigt ihm die Muskelpartien, durch die das Gleichgewicht hergestellt wird. Er spricht mit einem großen Wortschwall in großer Nervosität. Ich erinnere mich, daß er mir, als der Konvoi sich in Bewegung setzte, zurief: »Wir werden einige umlegen.« Er glaubte an die Front an der Loire. – »Laßt keinen übrig…«, antwortete ich.

Ich bin auf diese Replik nicht besonders stolz. Sie entspricht meinem Gefühl in diesem Augenblick. Damit die Front an der Loire nicht zusammenbräche, hätte ich liebend gern in meiner Vorstellung einige Tausend Deutsche geopfert. Im übrigen hab ich meine Meinung darüber erklärt, als die französische Presse und der Rundfunk uns die

Einnahme von Narvik verkündeten und uns tausende im Meer treibender feindlicher Leichen zeigten.

Die Karawane mit ihren Bauernkarren und Autos steht immer noch still. Minuten und Stunden vergehen. Ich kann nicht einmal sagen, daß sie sich besonders lang hinzögen. Diese Minuten und Stunden liegen außerhalb der üblichen Zeit.

Aus einem mit einer Plane bespannten Lieferwagen, in dem hinten in seltsamer Stellung wie eine Galionsfigur ein etwa fünfzehnjähriges Mädchen kauert, ist eine Frau ausgestiegen, die wie eine Megäre aussieht. Sie verkündet: »Wir sind verraten und verkauft...« Diese allgemein verbreitete Anklage, die ich seitdem auf den Landstraßen so oft gehört habe, schien sich selbst zu genügen. Ich habe auf die Frage »Von wem?...« nie eine Antwort erhalten. Aber es gibt im Volk einen Sinn für Ahnungen, der dem tastenden Überlegen des Verstandes weit vorauseilt.

Die Megäre hat beschlossen, den Polizisten zu spielen. Tatsächlich überholen Zivilautos unter Mißachtung der Ordnung ebenso wie der Höflichkeit. Die Megäre schreit: »Misthaufen! ... Sauerei!...« Sie stellt sich mitten auf die Straße, beide Arme ausgebreitet, und zwingt einen Wagen zum Anhalten. Am Steuer sitzt eine blonde junge Frau mit nachgezogenen Augenbrauen, die nicht gerade die Antwort findet, derer es bedürfte: »Ich bin die Frau eines Artillerieoffiziers...« Diese Art, sich vorzustellen, löst Protest, einen kollektiven Schrei aus: »Ist uns scheißegal...«

Die Autos fahren in zwei, manchmal drei Reihen. Ein Soldat, der wer weiß woher abgeordnet worden ist, versucht vergeblich, eine Operation zur Auflösung des Staus in Gang zu bringen. Dieser winzige polizeiliche Versuch ist der erste seit Paris. Die Megäre beschimpft den Soldaten, der nichts dafür kann. Niemand entrüstet sich darüber. Der Soldat, ein braver Kerl, antwortet, er habe keine Ausbildung mit dem weißen Stab durchgemacht, um Flic in Paris zu werden, und macht in aller Ruhe darauf aufmerksam, er habe die Beleidigungen der Alten nicht verdient und diese habe keinen Grund, ihn zu beschimpfen. Da greift der Ehemann ein und brüllt im Ton einer klassischen Tragödie: »Bei Ihnen tut sie das nie genug…« Die Megäre verlangt nun in allen Himmelsrichtungen nach Brot und Benzin. Brot und Benzin, es klingt wie der Schrei des Aufruhrs… Ich spüre den Keim des Aufruhrs auf der Straße. Es wird nicht dazu kommen.

Die Karawane rückt ein paar Meter vor, bleibt wieder stehen, rückt abermals vor. Ein paar Glieder lösen sich voneinander, rücken wieder auf. Beim Rhythmus von zwanzigmal Motoranlassen pro Stunde seit fünf Tagen schaffen es viele Anlasser nicht mehr, viele Batterien sind leer. Ein Junge tritt an eine aufgeklappte Motorhaube und stellt melancholisch fest: »Alles kaputte Autos.« Selbst wer keine Panne hat, schiebt sein Auto, um Benzin zu sparen.

Viele Autos überholen die Karawane mit hoher Geschwindigkeit. Sie sind voller Offiziere. Folgsam den Vorrang des Militärs beachtend, drückt sich die Karawane auf die rechte Seite. Fast würde man Habachtstellung einnehmen und die Offiziere militärisch grüßen, die nach vorn wollen, um unsere Verteidigung zu sichern. Wir sind nur etwas erstaunt, in den Militärautos so viele Frauen zu sehen. Aber wahrscheinlich gehören sie zum Roten Kreuz. Eines der Autos aus der Karawane gerät ein wenig zu weit nach links. Ein Offizier beugt sich aus seinem Wagen, brüllt und richtet seinen Revolver auf die Reifen. Die Karawane, an der Fahrbahn klebend wie eine Napfschnecke an ihren Felsen, reagiert nicht.

In diesem Augenblick habe ich zum erstenmal einzelne waffenlose Infanteristen gesehen, die gesenkten Kopfes mit ihren Stiefeln, manchmal auch Sandalen durch das Gras der Böschung schlurften, einem Radfahrer ausweichend, ein stehendes Auto streifend, anscheinend ohne sie wahrzunehmen. Sich fortbewegend wie Blinde, wie zerlumpte Schatten. Fremde für die Bauern mit ihren Karren, für die Städter in ihren Autos, für die militärischen Kolonnen, sind sie allein – gleich Bettlern, die es aufgegeben haben, um Almosen zu bitten. Es ist der Anfang der Auflösung. Wir wissen es noch nicht. Wir halten sie für Nachzügler; wir glauben, ihre Regimenter befänden sich weit vorn.

Wir haben Abel Delaveaus Hof vor dem Morgengrauen verlassen. Es ist sechs Uhr abends. Wir sind rund zehn Kilometer vorwärts gekommen. Nach jedem Halt muß meine Frau den Wagen anschieben. Das bringt mich zur Verzweiflung, ja, ich empfinde es fast als Demütigung.

Ich bin der Gefangene einer Straße, die ich mir nicht ausgesucht habe. Ich bin zum Flüchtling geworden. Und ich habe keinen Zufluchtsort. Ich bin müde. Warum weiterfahren? Morgen ist die Straße bestimmt frei. Die Pferdekarren der Beauce und des Gâtinais sind dann, zusammen mit den Pariser Autos, alle verschwunden. Es kann in Paris kein einziges Auto mehr geben. Es war sowieso schon kaum vorstellbar, daß es dort so viele hat geben können.

Ich gebe es auf, mit der Karawane ruck- und schubweise vorwärts zu kommen. Ich halte auf dem Gras am Straßenrand an. Aber die erhoffte Ruhe bringt das nicht. Der Strom der Autos und Karren wirkt hypnotisierend. Er fließt neben uns und saugt uns doch auf, überschwemmt uns. Wir sehen eine zugängliche Wiese, auf der schon Autos aufgereiht sind. Ich stelle unseres dazu. Wir sind entschlossen, hier die Nacht zu verbringen.

Meine Frau geht zu einem zweihundert Meter entfernten Bauernhof, um ein Huhn zu kaufen. Doch die auf einem bespannten Wagen sitzende Bäuerin hält bereits die Zügel in der Hand. Die Kühe sind losgebunden, sich selbst überlassen, wissen nicht, wohin sie laufen sollen. Und die Bäuerin ruft meiner Frau zu: »Nehmen Sie alle Hühner, die Sie finden.«

Zwei junge Männer, die Paris am Tag vorher mit dem Motorrad verlassen haben, lassen ihre Maschine stehen, weil sie kein Benzin mehr haben. Die Neuigkeiten, die sie erzählen, sind beruhigend. »Wir sind ohne Schwierigkeiten über die Porte d'Italie aus der Stadt gefahren. Wir haben keine Deutschen gesehen. Vielleicht gab es welche an der Porte Maillot, an der Porte d'Italie waren keine…«

Einer der beiden schlachtet das Huhn. Aber er hat keine Erfahrung; er hat es nicht ausbluten lassen. Und wir essen ein schwärzliches Fleisch, das einen leichten Wildgeschmack hat.

Ich hole vom Nachbarfeld ein paar Heubündel. Wir legen sie so auf unsere Wiese, daß sie ein bequemes Lager bilden. Die Nacht ist schön, der Mond scheint, aber es ist nicht still. Ununterbrochen fahren die Militärlastwagen vorbei. Das Rollen ist wie das unaufhörliche Rauschen eines Wasserfalls. Die Nacht besteht nur aus Mond und Lastwagen. Am nächsten Morgen, am Sonntag, den 16. Juni, fahren wir weiter. Nachdem wir an einer ansteigenden Stelle halten mußten, lasse ich mich von dem hinter mir fahrenden Wagen anschieben. Doch der Fahrer macht mich darauf aufmerksam, daß er mir diesen Dienst nicht noch einmal erweisen kann, weil er fast kein Benzin mehr hat und weil das Manöver den Verbrauch erhöht.

Am linken Straßenrand marschiert eine Kolonne Feuerwehrleute und Polizisten. Es ist nur das Zeichen für die vorsorgliche Räumung von Paris. Doch die vereinzelten Soldaten werden zahlreicher. Nur an den Feldmützen erkennt man, daß diese fußkranken und zerlumpten Menschen Soldaten sind oder es waren.

Zum Mittagessen halten wir auf einem sehr breiten Böschungsrand, ganz in der Nähe eines schönen Bauernhofs mit zwei großen Rasenflächen davor und umgeben von Büschen und Bäumen, um die Reste des Huhns zu verspeisen.

Wir teilen unsere Mahlzeit mit einem Gendarmen. Er saß auf dem Gras. Er ist mit dem Fahrrad wer weiß woher gekommen und will wer weiß wohin. Wir wechseln ein paar Worte über das Durcheinander. Er schließt: »Wenn man so etwas sieht, muß man sich fragen ...«

Mehr sagt er nicht. Doch die schlimmsten Umstände bewirken nichts gegen den Einfallsreichtum von Leuten, die Menschen und Ereignisse für ihre eigenen Überlegungen zu nutzen verstehen. Ein Autofahrer, einer der Tausenden, die in der Karawane stecken, tritt zu dem Gendarmen und sagt: »So kann das nicht weitergehen... Es ist eine Schande... Kein Ordnungsdienst weit und breit... Wenn Sie wollen, lade ich Ihr Fahrrad auf mein Auto, Sie stellen sich auf mein Trittbrett und bringen Ordnung in dieses verstopfte Chaos.«

Der Gendarm ist einverstanden, und der Wagen wechselt in die linke Reihe, fährt an den anderen vorbei wie ein Auto des Generalstabs, die Karawane verhöhnend.

Im Gras neben einem Lieferwagen sitzt eine Gruppe von Leuten und ißt Konserven zu Mittag. Tonfall und Akzent verweisen auf Paris, die Vorstädte von Paris eigentlich. Eine etwa fünfzigjährige Frau ist sehr erregt und kann nur noch schreiend reden. Ihre Worte enthalten all die geschichtlichen Widersprüchlichkeiten, denen man überall in den Vorstädten begegnen kann: »Die Deutschen sind Menschen wie wir. Ich habe schon immer gesagt, der Krieg ist eine Sauerei... Die Engländer und wir sind auch keine Heiligen... Denken Sie nur daran, wie die Engländer mit den Buren umgegangen sind... Und trotzdem habe ich geheult, als ich erfahren habe, daß die Deutschen in Paris sind...«

Der Stau auf der Straße ist kein bißchen kleiner geworden. Karren und Autos in einer Reihe über dreihundert Kilometer, niemand regelt den Verkehr. Doch... da ist ein Ordnungsdienst in Gestalt eines Schutzmannes. Ich habe noch nie einen so hemmungslosen, brüllenden, brutalen Kerl gesehen. Ich weiß nicht, ob er vor Angst oder vor Autorität besoffen ist. Er schreit Autofahrer, deren Wagen am Rand des Grabens steht, an: »Rechts!« Er schiebt sich in einen im Augenblick leeren Wagen, läßt den Motor an, versucht, den ersten Gang einzulegen; es gelingt ihm nicht, weil er den Gashebel voll durchtritt. Weil er das Getriebe krachen läßt, bildet er sich ein, die Straße frei zu bekommen. Er überläßt das Auto sich selbst und glaubt, durch irgendwelche lokalen Maßnahmen eine allgemeine Ordnung herstellen zu können. Ein Bauernkarren, den ein junges Mädchen lenkt, fährt nicht ganz rechts auf der Straße. Er läßt dem Mädchen nicht die Zeit, ihr Pferd zu lenken. Er stürzt sich auf den Hals des Gauls, packt den Zügel und zieht brutal am Gebiß des Pferds, macht es scheu, erschreckt das Mädchen und bringt den Wagen ein paar Zentimeter nach rechts.

Dann verschwindet er. Solche Typen kommen nicht gern in Gefahr. Tatsächlich fliegen jetzt Flugzeuge über uns hinweg, werfen Bomben, schießen mit Maschinengewehren. Die Menschen werfen sich in den Straßengraben, verstecken sich im Wald oder hinter den Bäumen im Hof. Kinder klammern sich an die Röcke ihrer Mütter. Frauen laufen im Kreis um die Bäume, verbergen ihre Gesichter mit den Armen wie Kinder, die einer Ohrfeige zu entgehen suchen.

Ich sehe die Cordhose eines Karrenbauern, der unter seinen Wagen gekrochen ist. Ich betrachte genau die Farbe

und den Cordsamt. Mein alter Wunsch nach einer Cordhose, um sie auf dem Land zu tragen, wird fast unerträglich.

Die Flugzeuge sind verschwunden. Wir erfahren, daß
im Keller zwei Fässer Apfelwein und ein Faß Schnaps liegen. Eine regelrechte Versorgungsoperation wird organisiert. Die Träger leerer Flaschen kreuzen sich auf der Wiese
mit den Trägern gefüllter Flaschen. Man könnte glauben,
es handle sich um einen Dienst auf Befehl.

Ein großartiger Zug rollt in den Hof: Von zwei
hintereinander gespannten Pferden gezogene Kippkarren,
mit vier oder sechs Ochsen bespannte Wagen. Aber die
Karren und Wagen sind nicht wie die der Karawane mit
einer zusammengewürfelten Ladung aus Matratzen, Futter
und Fahrrädern beladen. Sie fahren vorbei wie auf einer
Landwirtschaftausstellung, wie auf den Abbildungen in
alten Geschichtsbüchern die Wagen zur Zeit der letzten
Merowinger. Der mächtige Zug gehört der Familie M.,
die, wie man erzählt, tausende von Hektar in der Beauce
besitzt. Er wird angeführt von zwei gestiefelten Reitern,
die auf Halbblütern sitzen. Ich habe nicht erfahren, ob es
die Besitzer oder die Verwalter der verlassenen Güter
waren.

Die ohne Benzin stehengebliebenen Autofahrer flehen
sie an, sie abzuschleppen. Nichts wäre leichter für sie: Ihre
Wagen sind nicht sehr beladen, einige werden, wie ich
schon gesagt habe, von sechs Ochsen gezogen. Doch sie
lehnen ab, mit einem verschlagenen Zögern; sie lehnen ab,
ohne nein zu sagen, mit einer Höflichkeit ohne Herzlich-

keit. Sie haben ein Kalb für sich und ihre Kutscher schlachten lassen, aber keinen Gedanken auf die Kinder verschwendet, die sich seit drei Tagen nur von ein wenig geronnener Milch ernähren.

Die Müdigkeit, die Mutlosigkeit halten uns in diesem schattigen Hof zurück. Der Abend bricht an. Wir haben seit dem Morgen vier Kilometer geschafft. Wir sollten aber vorwärtskommen, irgendwohin fahren. Es scheint, die Karawane werde nach Gien geleitet. Wenn wir von Gien nach Osten führen, könnten wir bestimmt Auxerre, Avallon erreichen. Aber ich habe kaum noch Benzin. Es bleibt nur eine Lösung: Abschleppen durch einen Lastwagen oder einen Karren. Wir führen genauso schnell und sicherer als wenn der Motor liefe. Aber das ist nicht einfach. Schon viele Autos fahren paarweise. Die Militärlastwagen schleppen Zivilfahrzeuge nicht mehr ab, wie noch die ersten Tage. Die Bauernkarren sind vollbeladen mit Menschen und Dingen, und die Pferde könnten nicht mehr ziehen. Und die Karrenführer und Autofahrer halten nur ungern, um andere Wagen ins Schlepptau zu nehmen: Sie wollen ihre Position in der Menge nicht verlieren.

Ein verwirrter und schläfriger alter Mann, hoch oben auf dem Sitz eines kaum beladenen Planwagens ohne Plane, willigt schließlich ein. Wir bieten ihm 500 Francs, um uns bis Gien zu schleppen. Er nimmt an. Er lenkt sein Gespann in den Hof. Um das Auto festzumachen, bitte ich einen Bauern um Hilfe. Ein Pole. Woher mag der sein? Er überläßt seiner Frau die Zügel und knotet mit großer Geschicklichkeit das alte Seil fest, das ich ihm hinhalte. Ener-

38

gisch und mit einer Würde, die nicht gespielt ist, lehnt er jedes Trinkgeld ab.

Wir müssen nur noch auf die Landstraße. Man läßt das Pferd saufen. Man gibt ihm Futter. Wir wohnen der Mahlzeit des Pferdes respektvoll bei wie der Mahlzeit eines Herren. Das Pferd ist wenig folgsam. »Verstehen Sie«, sagt sein Herr, »es ist nicht böse, aber es ist verrückt. Und ich weiß nicht, wie man Pferde führt... Es gehört meinem Sohn, der Alteisenhändler ist... Und mein Sohn hat mir gesagt, ich solle ihm das Pferd nach Carcassonne bringen.«

Ich denke, einmal auf der Landstraße, wird das Pferd der Kolonne folgen. Aber vor der Landstraße befindet sich auf der rechten Seite ein Graben, der mich beunruhigt, den alten Mann auf seinem Sitz aber keineswegs zu beunruhigen scheint. Währenddessen setzen sich Pferd, Wagen und Auto in Bewegung. Das Pferd ist verrückt, aber es ist mutig. Schon sind wir auf der Landstraße, in der Kolonne. Wir kommen hundert Meter voran, in der Nacht. Ich habe selten eine solche Zufriedenheit am Steuer eines Wagens verspürt. Aber die Karawane bleibt stehen. Als es wieder losgeht, reißt das Seil. Ich schreie in die Nacht, damit der alte Mann sein Tier anhält. Wir binden das Seil zusammen, es reißt erneut. Aber diesmal hört mich der alte Mann nicht, der auf seinem Sitz schläft. Ich habe ihn nicht wiedergesehen.

Ich kann nicht daran denken, mit eigenen Mitteln weiterzufahren. Der Motor würde mit Sicherheit wieder zu kochen anfangen. Ich überlasse den Wagen meiner Frau und Andrée F... Ich strecke mich auf der Wiese aus, die Karawane zieht wie ein Alptraum vorüber, ich schlafe ein.

Man weckt mich. Soldaten, offenbar aus Lorris geschickt, um für ein wenig Ordnung zu sorgen, wollen den Wagen auf den Randstreifen schieben. Ich setze mich ans Lenkrad. Sie schieben so kräftig, daß ich im Graben gelandet wäre, wenn ich nicht heftig gebremst hätte.

Der Wagen steht halb auf dem Gras und am Anfang der Böschung. Wir sind liegengeblieben. Wegen der Böschung und der im Gras steckenden Räder gelingt es meiner Frau und Andrée F... nicht, das Auto wegzuschieben. Und es ist Nacht, die Wagen der Karawane sind blind; ich will damit sagen, daß es unmöglich ist, den Blick eines Fahrers auf uns zu lenken, in ihm den geringsten Instinkt der Sympathie, die geringste Anwandlung zur Hilfe zu wecken.

Die Karawane zu unserer Linken bleibt stehen. Ich flehe den Führer eines Karrens, der sein Pferd am Zügel führt, an, mich zumindest bis auf den Hügel zu schleppen. Er zögert, verhandelt mit seiner Frau, die den dahinter folgenden Karren führt. Aber zuvor vertraut er mir sein Pferd an. Ich nehme die Zügel. Aber dieser Fleischberg hört nicht auf, seine Nüstern in den Himmel zu recken. »Es ist nicht böse, es ist dumm«, hatte mir der Bauer gesagt. Ich habe kein Glück: Das andere Pferd war verrückt, dieses hier ist dumm. Obwohl ich große Angst vor dem Pferd habe, bleibe ich mutig auf meinem Posten, ich bleibe sehr lange. Das ist eine Art, dem Bauern den Hof zu machen, der vielleicht einwilligen wird, mich abzuschleppen. Er kommt zurück. Ich verstehe sehr gut, daß er nichts lieber täte, als mir diesen Dienst zu erweisen. Aber seine Frau will nicht. Sie steht auf ihrem Karren und beschwört die Loire, die

Loire, die sie erreichen muß, um endlich ganz außer Gefahr zu sein.

Denn die Loire ist jetzt das ideale, strategische Flußziel, das die kollektive Seele der Karawane sich gesetzt hat. »Wenn wir die Loire überquert haben, sind wir in Sicherheit...«, sagte eine Bäuerin. Man könnte glauben, alle Bäuerinnen Frankreichs hätten die Kriegsschule besucht.

Der Morgen dämmert. Vor sieben Tagen haben wir Paris verlassen. Zwei junge Männer, zwei Mechaniker, holen mich aus meiner Spur im Gras heraus. Ein Fuhrmann, der einen leeren Kippkarren führt, willigt ein, mich abzuschleppen. Ab Montereau ist uns die Landschaft ohne Form, mager, farblos, elend vorgekommen. Vielleicht war das die Auswirkung unserer Müdigkeit, unseres unterbrochenen Schlafes.

Unser Fuhrmann hält seine Pferde an. Er hat auf einer Wiese ein totes Pferd gesehen. Und in aller Ruhe und sich Zeit lassend, als ob er beim Hufschmied wäre, nimmt er ihm die Hufeisen ab. Dieser Fuhrmann kennt vielleicht den Krieg nicht, aber er kennt die Landstraße und die Pferde. Er hat es nicht eilig. Wir auch nicht. Wir sind müde.

Aber die Karawane, die bis dahin geduldig war, ist jetzt zänkisch, von Angst-, Mißtrauens- und Haßwallungen geschüttelt. Die in den Autos werfen denen auf den Karren vor, das Vorwärtskommen zu behindern; die auf den Karren werfen denen in den Autos vor, sie glaubten, sich alles erlauben zu dürfen. »Und wir sind es doch, die euch ernähren...«

Die Karawane ist besessen von zwei fiktiven Personen,

sie heißen »Loire« und »Fünfte Kolonne«. Die Loire ist der Erzengel, der in dreißig Kilometern Entfernung wartet. Die fünfte Kolonne ist eine nicht faßbare Person, eine verabscheuungswürdige Gottheit, die in fünf Minuten zehn Mal Mensch wird und sich wieder auflöst, erscheint und wieder verschwindet. Die fünfte Kolonne ist alles (Wesen und Dinge), alles, was zwischen der Karawane und der Loire liegt. Die fünfte Kolonne ist der Wahn der Intoleranz all jener Seßhaften, die unversehens zu Nomaden geworden sind.

Die Karawane ist zwischen ansteigenden Wiesen zum Stillstand gekommen, die zu einem Horizont von mageren Baumgruppen führen, die in traurigen Hängen wie die schrägen Winkel einer elementaren Geometrie ansteigen. Um zu überholen fahren Wagen über die Wiesen. Alles ist verstopft. Schwitzend und mit unstetem Blick läuft ein Flüchtling mit der Brieftasche in der Hand die Karawane entlang und schreit uns im Vorbeilaufen zu: »Das ist die Höhe, sie haben behauptet, ich sei ein Spion.«

Hinter uns prophezeit eine abgemagerte, zerzauste Seherin unverständliche Dinge. Meine Frau geht zu ihr und befragt sie. Sie antwortet: »Ich bitte Sie, gehen Sie Ihren Weg ... Ich habe Ihnen nichts zu sagen, und das wissen Sie selbst genau. Begeben Sie sich in Sicherheit, so wie ich mich absichere. Ich weiß, was ist und wie es darum bestellt ist ... Sie wissen besser als ich, woher Sie kommen und was Sie für Verpflichtungen haben. Ich bitte Sie, mir Platz zu machen.«

Übrigens sind diese Menschen gar nicht so verrückt,

Schutzgottheiten und Tiere der Apokalypse anzurufen. Seit dem Aufbruch in Paris ist nichts mit den Gesetzen der Vernunft zu erklären. Man läßt uns Umwege machen, man läßt uns kilometerlange Kreise um Dörfer und Wälder herum beschreiben, um den Militärkonvois die Hauptstraßen zu überlassen. Aber um uns sind ununterbrochen Militärkonvois... Man fragt sich sogar, warum die feindlichen Flugzeuge nur so zurückhaltend bombardieren und mit Maschinengewehren feuern. Vielleicht weil die Bombardierung, die einen Abschnitt der Karawane zum Stillstand brächte, gewissermaßen stellvertretend für einen nicht vorhandenen Ordnungsdienst eine Zeitlang den Stau, die Unordnung, das Durcheinander lichten könnte. Dieses Durcheinander ist so umfassend, so andauernd, so vollkommen, daß man es nicht vollständig dem Oberkommando anzulasten wagt, so hilflos dieses auch sein mag, daß man es auch nicht dem Wirken der feindlichen Spione zuzuschreiben wagt, so zahlreich und gut organisiert sie auch sein mögen.

Ich bin müde. Hunderttausende von Evakuierten, von Flüchtlingen, die von den Behörden vertrieben wurden oder freiwillig aufgebrochen sind, Hunderttausende von plötzlichen Nomaden sind müde wie ich. Ich fahre, abgeschleppt von den beiden enormen Pferden des Kippkarrens. Ich habe noch nie eine solche Landschaft gesehen: Eine Landschaft aus Asche. Sie ist weit, verkümmert und auf erbärmliche Art makaber. Ich zögere vor diesem Wort: makaber, das etwas unbestimmt Kräftiges im Schrecken, etwas unbestimmt Eindringliches im Tod voraussetzt. Vielleicht ist das die Vorhölle, aber nicht die weißliche und unscharfe, sondern die in Wirklichkeit mit einem dürren Strich gezeichnete Vorhölle. Es ist nichts anderes als eine Wiese, trauriger als alle anderen Wiesen der Welt. Unbeweglich sehen einige Pferde in Richtung Landstraße; fast hat es den Anschein, als meditierten sie, den unendlichen Zug in sich eindringen lassend, der sie nicht mehr erstaunt, der sie aber hypnotisiert. Und eines von ihnen, aufrecht auf seinen vier Beinen, den Hals gegen einen Baum gestützt, ist ein totes Pferd.

Der Kippkarren fährt weiter und zieht uns (heute, da ich auf eine Landkarte gesehen habe, kann ich das sagen) über eine Strecke von drei oder vier Kilometern. Und wir sind drei oder vier Kilometer von Ozouer-sur-Loire entfernt. Aber ich maß den Raum nicht mehr in Kilometern und die Zeit nicht mehr in Stunden. Ich empfand nur noch den Wechsel zwischen Unbeweglichkeit und Fahren, zwischen Tag und Nacht.

Wir bleiben erneut stehen, an der Kurve einer Straße, die durch niedrigen Wald führt, fünfzig Meter von einem einsam gelegenen Haus entfernt. Meine Frau und Andrée F… steigen aus dem Auto, um sich ein wenig zu erholen, um ohne Hoffnung die Bewohner des Hauses zu fragen, ob man dort Brot oder Milch finden kann. Ich bleibe allein, stütze mich auf das Lenkrad, ich koste die Ruhe aus. Der Abend bricht an, das Licht ist traurig und sanft. Ich weiß nicht, ob ich vor mich hindämmere oder meditiere. Und plötzlich das Knattern eines Maschinengewehrs. Ich weiß nicht genau, woher es kommt. Es ist nahe und fliegt

44

dicht über den Boden. Alle Noten dieser Sinfonie des Knatterns heben sich trotz der Geschwindigkeit des Taktes voneinander ab, sind voller Schwingung. Man könnte meinen, der gesamte Raum habe sich in einen einzigen Punkt zusammengezogen und breche in Knattern aus. Ich sehe nichts außer dem Hinterteil des Kippkarrens und die leere Landstraße. Ich habe nicht die Zeit, lange nachzudenken. Ein paar Granaten explodieren, ich weiß nicht wo, ich weiß nicht woher. Das erste Pferd des Kippkarrens, an den ich festgebunden bin, bäumt sich auf; das zweite macht es aus Freundlichkeit nach. Und jetzt gehen sie durch. Sollte ich zugeben, daß ich für einen Augenblick meine Frau und Andrée F... vergessen habe? Mein Erstaunen beim ersten Knattern der Maschinengewehre war sicherlich Angst. Aber ich habe keine Angst mehr. Ich werde von einer Kraft angetrieben, über die ich keine Macht habe, mit der ich direkt verbunden bin – was sage ich? –, an der ich durch ein Seil befestigt bin. Es war so unerwartet und so kurz, daß ich nicht die Zeit hatte, Angst zu haben. Es war packend, so wie es ein Sturz von der Höhe der Türme von Notre-Dame sein muß. Und außerdem: Der Exodus war trostlos, trostlos wie der Grabenkrieg, trostlos und monoton. In den Gräben von 1914 beherrschte die Langeweile den Tod. Ich bin nicht unempfänglich für jene elementare Lyrik, die den Schlachtgemälden und jenen Spielen ähnelt, die die Kinder erfinden, wenn sie mit eingebildeten Panzern und Panzerwagen spielen. Umso mehr als das erste Pferd (die Vorderhufe scheinen sich leicht in die Luft zu heben und sind so hoch gestreckt) sich mit einer Be-

45

geisterung aufbäumt, die von der Historienmalerei und von Pferdeskulpturen inspiriert scheint. Es bäumt sich nicht mehr auf, es galoppiert. Wir fahren. Seit langem bin ich nicht mehr so schnell gefahren. Ich habe den Eindruck, an einer Kavallerieattacke teilzunehmen.

Meine natürliche Vorsicht hinderte mich, diese Raserei lange zu genießen. Ich steuerte das Auto auf das letzte Auto einer stehenden Kolonne zu. Meine vorderen Kotflügel schoben sich in dessen hintere Kotflügel. Der Halt war abrupt. Aber das Seil war gerissen.

Vor mir fuhr der Kippkarren mit großer Geschwindigkeit weiter. Er raste in den Graben, und ich sah das vordere Pferd am Straßenrand auf der Seite liegen.

Ich steige aus dem Auto, dessen Vorderteil eingedrückt ist. Hinter dem Auto ein totes Pferd. Es ist eines der Pferde eines Artillerielastwagens, das, ohne daß ich irgend etwas gehört oder wahrgenommen hätte, gestürzt ist und einen Kotflügel eingedrückt und zum Teil herausgerissen hat. Wann, wie ist es gefallen? Ich weiß nichts. Welches Geschoß hat es getroffen? Ich weiß nichts. Sein Kopf liegt auf dem Pflaster nach der Straßenmitte zu, über die ein dünner Blutstrahl fließt. Man kann nicht mehr zum Auto gelangen, ohne über den Kopf des Pferdes zu steigen. Meine Frau und Andrée F... hatten gerade das Auto verlassen, als deutsche Soldaten sich an der Straße aufreihten, mit Maschinenpistolen schossen und den französischen Artilleristen und den mit ihnen vermischten Zivilisten jeglichen Durchgang in Richtung Lorris versperrten. Sie flüchten sich auf ein Feld. Zwei Deutsche verlängern dort die Reihe der Schützen. Einer von ihnen hört auf zu schießen und gibt ihnen ein Zeichen, in einem kleinen Wäldchen links von dem Feld Zuflucht zu suchen. Und er sagt auf französisch, ja, auf französisch, und in einem recht reinen Französisch, zu dem anderen: »Nicht schießen... es sind zu viele Frauen und Kinder dabei...«

Aber das Wäldchen ist weit. Die beiden rennen bis zum Graben, wo schon Leute hocken, Frauen, Kinder. Zwei Frauen wiederholen unaufhörlich, als ob sie eine Litanei in einer Kapelle beteten: »Heiliger Christophorus... bete für uns.« Ein Artillerist versteckt sich unter den hockenden oder knienden Zivilisten. Aber der Graben ist nicht sehr tief. Die Rücken sehen heraus. Die beiden flüchten sich unter einen Lieferwagen. Aber ihre Beine sehen heraus, und sie haben das Gefühl, als ob wie von einer Schleuder geschossene Steine ihre Füße träfen. Meine Frau spürt ein Brennen an der Wade. Es ist nur eine kleine blutende Wunde, wo ein Metallsplitter eingedrungen ist. Aber zwei Artilleriepferde stürzen zu Boden, und ihre Körper, die den unteren Teil des Lieferwagens verbergen, schützen meine Frau und Andrée F... vor den Kugeln.

Alles geschah innerhalb weniger Minuten. Mein Frau ist sehr besorgt um mich. Sie befürchtet, ich könnte von den Pferden fortgeschleift und vom Auto überrollt worden sein. Andrée F... beruhigt sie sofort.

Meine Frau kriecht heraus. Der Tag hat sich geneigt. Im Dämmerlicht sind einige Verletzte zu erkennen; man hilft ihnen in die Autos und auf die Karren, die umkehren und in Richtung Lorris fahren.

Die Deutschen schießen noch immer, aber sie scheinen nicht auf den Abschnitt zwischen Landstraße und Bauernhof zu zielen. Ein verwundeter Artillerist hüpft auf einem Bein bis zum Hof, gestützt auf die Schulter meiner Frau.

Ich weiß nicht, wie wir uns wieder am Auto getroffen haben. Kaum sitzen wir wieder, taucht eine Kolonne behelmter Soldaten auf, bewaffnet mit Maschinenpistolen. Sie kommen nicht aus Richtung Lorris, das heißt von Paris, sondern aus Richtung Ozouer, also von der Loire. Sie haben uns nicht nur eingeholt, sie haben uns überholt und kehren nun zurück. Im Schutz der Wälder sind sie einfach an uns vorbeigezogen.

Sie marschieren im Abstand von fünf Metern hintereinander. Sie gehen dicht am Auto vorbei. Nie habe ich im Krieg von 1914-18 Deutsche aus solcher Nähe gesehen, außer Gefangenen. Keiner von ihnen ist der Typ des großen, kräftigen Germanen. Sie sehen uns im Vorbeigehen an. Wir sehen sie ebenfalls an. Später hat mir meine Frau gesagt: »Ich konnte nicht glauben, daß das Deutsche seien, sie machten auf mich den Eindruck japanischer Krieger…« Diese poetische Logik war richtig. Tatsächlich sind ihre Züge angespannt, verzerrt. Unter dem Helm machen sie eine asiatische Grimasse. Das ist zu erklären. Sie haben Angst, und sie stoßen vor. Diese Mischung aus Unruhe und Entschiedenheit, das ist der militärische Mut im eigentlichen Sinn. Sie stoßen vor, ohne daß sich ihnen irgendein Hindernis in den Weg stellte. Sie sind darüber gewiß ebenso erstaunt wie ich selbst. Sie fürchten sicher irgendeine Falle. Es sind nicht mehr als dreißig. Die

Kolonne hält an. Einer der Soldaten bleibt vor unserer Tür stehen. Sein Kopf erscheint im Rahmen der Fensterscheibe. Ein solches Tête-à-tête, eine solche Nähe ist unangenehm. Und das Gefühl des Unangehmen übersteigt noch die Unruhe oder die Angst. Ich habe das Bedürfnis, diesen Mann umzubringen oder mit ihm über das Wetter oder seine Gesundheit zu reden. Ich weiß nicht mehr, was meine Frau murmelte, um das Schweigen und den Tod zu bannen. Ich antworte ihr recht töricht: »Dieser Mann hat überhaupt keine Lust, uns zu töten.« Einige Sekunden lang bildeten wir zu dritt eine Gruppe am Rande des Krieges. Vielleicht strich sogar eine flüchtige Sympathie wie ein leichtes Kräuseln auf dem Wasser über ihn und uns. Und es schien mir, als zöge etwas wie der Schatten eines Lächelns über sein verzerrtes Gesicht.

Ein paar Zivilisten sind am Rand der Straße versammelt, bewacht von zwei deutschen Soldaten. Sie heben die Arme in die Luft. Auf ein Zeichen der Deutschen senken sich die Arme. Aber ein junger Mann mit wehleidigem Gesicht hält hartnäckig die Arme hoch, wie ein Teil einer gymnastischen Bewegung, und richtet seine Handflächen offen zum Himmel. Sicherlich denkt er, daß ein Übermaß an Vorsicht nicht schadet, und sicherlich fürchtet er, daß die Deutschen nicht glauben, er sei entschlossen, seine Haut teuer zu verkaufen. Es ist erbärmlich und komisch. Einer der Soldaten winkt schließlich in die Luft und beruhigt ihn mit einer verärgerten Geste: »Schon gut … schon gut.«

Zwischen der Außenmauer des Bauernhofs und der unüberwindlichen Linie zweier Deutscher mit Stahlhelm steht eine Gruppe von Frauen. Sie können wohl ihre stumme, ihre reglose Angst nicht mehr ertragen, die Sorge um eine Gefahr, die nicht mehr mit dem Lärm verschmilzt. Im übrigen erhebe ich hier nicht den Anspruch zu erklären – ich erzähle. In diesem Augenblick heben sie die Arme zum Himmel. Ich weiß nicht, ob sie sich abgesprochen haben, oder ob der Ruf von selbst aus ihren Kehlen gedrungen ist. Übrigens jammern sie eher, als daß sie rufen: »Durchsuchen Sie uns... durchsuchen Sie uns...«

Wollen sie sagen, daß sie unter ihren Röcken keinerlei Waffen tragen, bieten sie dem Sieger, um ihn zu besänftigen, das Geld oder den Schmuck an, den sie bei sich tragen? Ist es ein einfaches Flehen, ein Beschwörungsruf?

Der eine Deutsche sieht sie kalt an und sagt auf französisch zu ihnen: »Sie sind Gefangene... Sie werden das Schicksal der deutschen Frauen erleiden...«

Dieses »Sie werden das Schicksal erleiden« hat etwas Feierliches, Lächerliches, einen Anstrich von grammatischem Beispielsatz. Und was es bedeutet, scheint mir dunkel. Droht er diesen Bäuerinnen mit der strengen germanischen Disziplin, oder will er sie besänftigen, sie davon überzeugen, daß die deutschen Frauen im Grunde so unglücklich nicht sind?...

Fünfzig Meter weiter in Richtung Ozouer stehen einige französische Artilleristen aneinandergedrängt, bilden ein Menschenpaket, eine kompakte und gestaltlose Masse.

Die an die Hausmauer gedrängten Frauen rufen ihnen zu: »Ergebt euch... ergebt euch... es sind Kinder dabei...«
Ein überflüssiges Flehen. Einhellig, schlicht, ebenso sehr

aus festem Entschluß wie aus Angst haben sie die Arme gehoben.

Ich halte nicht viel von militärischem Mut, aber ich habe mich geschämt. Es war, glaube ich, das einzige Mal in meinem Leben, daß ich in mir einen persönlichen militärischen Willen verspürte, die Lust, zu kämpfen.

Ich erzähle, was ich gesehen, was ich gefühlt habe. Ich versuche weder eine historische Rekonstruktion noch einen zusammenhängenden und kritischen nachträglichen Bericht über militärische Operationen. In diesen Minuten weiß ich nichts von dem Gesamtzusammenhang, in dem diese Episode ihre Stelle hat. Als Zuschauer vor dieser Hofmauer – und als jemand, der sich für kriegsgefangen hält –, bemerke ich nicht einmal, daß diese so wenig kriegerischen Artilleristen versammelt sind wie eine Schar streunender Hunde, daß kein einziger Offizier bei ihnen ist, daß sie nicht einmal eine militärische Einheit bilden. Und ich weiß nicht, daß die vorbeiziehenden Infanteristen an den Straßenrändern und die Artilleristen der aufgelösten Konvois nur einen Befehl und eine Losung erhalten haben, die sich in Klartext nur so übersetzen lassen: »Haut ab, wohin ihr wollt oder wohin ihr könnt, und versperrt das Departement Loiret…«

Kaum sind die Deutschen und die gefangengenommenen Artilleristen verschwunden, erscheinen auf der Straße ein paar Züge bespannter französischer Artillerie. Eine Gruppe Deutscher beschießt den Konvoi aus ihrem Versteck; ein Munitionswagen am Ende des Konvois löst sich, schwankt und stürzt in den Straßengraben. Ein Artillerist läuft zu den vordersten Pferden, andere schieben an den Rädern. Ein Offizier ersetzt den Mann, der den Zügel hielt, hebt einem der Pferde den Kopf und zieht an der Kandare. Das alles unter Beschuß.

Aber die Frauen vor dem Bauernhof rufen, wie sie es eben schon getan haben, dem Offizier und den Artilleristen zu:

»Ergebt euch… ergebt euch!«

»Mit Zivilisten haben wir nichts zu tun…«, erwidert der Offizier, ein junger Leutnant.

Sie rufen, aber ihr Rufen ist nur eine Klage. Die Angst, eine tobende Angst, soufliert ihnen eine unglaubliche Kurzformel:

»Feiglinge… Feiglinge… ergebt euch…«

Die Männer sind über die Räder gebeugt, stemmen sich gegen den Boden, das Pferd richtet sich ein letztes Mal in einem zuckenden Aufbäumen hoch, fällt zurück und sinkt auf die Seite, entkräftet oder von einer Kugel getroffen. Erst dann gaben die Artilleristen auf; so wurde an diesem Abend die Ehre gerettet.

Jetzt ist es vollkommen dunkel. Der Offizier und die Artilleristen kommen zum Hof zurück. Ein alter Bauer hat sie umarmt, wie man mir gesagt hat.

Der Offizier fragt uns, woher die Deutschen gekommen und wohin sie aufgebrochen seien. Man sieht sie nicht mehr. Sie sind in den Wäldern versteckt und weiter Richtung Ozouer vorgerückt.

Trotz des Dunkels erkenne ich die gut geschnittenen Züge eines festen und sanften Gesichts. Ich habe mich nur bemüht, ihm Auskunft zu geben. Aber auch ich hatte Lust, diesen jungen Mann zu umarmen, der vielleicht schon wußte, daß alles verloren war, der aber mit Anstand verlieren wollte.

Ich habe diese losgelösten, voneinander getrennten Episoden erzählt. Mit etwas genauerer Ortsbeschreibung wäre es vielleicht klarer gewesen, hätte aber den Bericht aufgehalten, verfälscht. Es wäre noch klarer gewesen, hätte ich berücksichtigt, was wir später erfahren haben: daß die Deutschen das Gelände sehr genau kannten, ebenso die Größe, Strecke und Zusammenstellung unserer Konvois. Andererseits ist eine schlichte Niederschrift der Ereignisse unmöglich. Ereignis, Empfindung, Urteil vermischen sich. So getreu der Bericht auch sein mag, so gibt er doch einer Sache einen Anfang und ein Ende, was sie nicht hat, und damit wird sie schon in Theater umgesetzt. Er erklärt und rechtfertigt das Ereignis, das weder von Kommentaren noch Erklärungen begleitet wird, und das eine logische Rechtfertigung nicht nötig hat.

Als das Maschinengewehrfeuer aufhörte, als die Ruhe des Abends eintrat, empfand ich eine Art absurder Befriedigung; während des Krieges von 1914-18 hatte ich monatelang in den Gräben nichts gesehen, das der Legende und dem Bild des Krieges derart geähnelt hätte.

Heute habe ich Mühe mir vorzustellen, wie wir die militärische Situation sahen, die Entfernung, die wir zwischen dem Gros der Truppe und uns vermuteten. Ich glaube, daß wir besonders an Motorradfahrer oder sogar Fallschirmspringer der Vorhut glaubten, die einzeln agierten wie früher die Kavallerieaufklärer. So hatte man am Anfang des Krieges 1914-18 ungefährliche Ulanenpatrouillen gesehen. Wir haben uns den vollständigen Zusammenbruch der französischen Truppen überhaupt nicht vorstellen können. Wir dachten, sie erwarteten den Feind auf dem anderen Loireufer. Und alle Konvois, die uns überholt hatten, konnten nur eine Aufgabe haben: den Widerstand an der Loire verstärken.

Wir wurden Zeugen eines unglaublichen Durcheinanders, dessen Auswirkungen wir nicht ermessen haben. Diese Flucht, diese Mischung aus Armee und Zivilisten, Städtern und Bauern erschien uns wie eine akute Erkrankung, wie ein Gewitter. Eine absurde Hoffnung keimte aus einer nicht weniger absurden, fast instinktiven Überlegung, einer seltsamen Leugnung des Offensichtlichen. Es war doch nicht möglich, daß am Ende dieser wilden Flucht nichts vorgesehen war. Im übrigen war doch die Flucht als solche schon der Beweis, daß das Oberkommando Maßnahmen ergriffen hatte. Die Tatsache, daß es hier alles fahren ließ, war der Beweis für seine Wachsamkeit an anderem Ort. Und wer weiß, ob die Deutschen, die schneller waren als wir, die uns auf den Fersen waren, nicht in eine Falle gelockt wurden? Vielleicht machten sie uns zu Gefangenen? Aber wir waren überzeugt, daß wir zwar gefangengenommen würden, nicht aber Frankreich.

Wir betreten den Bauernhof. Er ist voller Menschen, die nichts miteinander zu tun haben: Man könnte meinen, Bauern und Ausflügler aus der Stadt, die ein Gewitter überrascht hat. Der Hof gehört niemandem mehr, seine

Bewohner sind verschwunden. Auf der Bank hinter dem Tisch sitzen alte Menschen. Auf einem Bett im Hintergrund liegt ein verwundeter Soldat; er ist am Arm und dicht am Herzen getroffen worden. Er blutet. Auf Fragen antwortet er nicht. Man weiß nicht, ob er sterben wird. Eine mindestens achtzigjährige alte Frau, die in einer Ecke auf einem Stuhl sitzt, will immer wieder aufstehen, um auf der Straße einen kurzen Spaziergang zu machen. Ihre Familie überwacht sie mit Wohlwollen und Strenge. Sie steht halb auf, zeigt mir das Bett des Verwundeten, das immer wieder hinter hin und her laufenden Gestalten verschwindet: »Ich möchte wissen«, sagt sie, »wie es diesem jungen Mann geht…« Ich finde einen Platz auf der Bank, stütze mich mit dem Ellbogen auf den Tisch und schlafe.

Es ist nicht daran zu denken, bei stockfinsterer Nacht loszufahren. In dieser Menschenmenge kann man nicht schlafen. Wir beschließen, uns auf dem Heuboden auszuruhen, den man über eine Leiter erreicht. Der Heuboden ist aus Zement, und es gibt weder Heu noch Stroh. Gleichviel. Sich auszustrecken ist schon eine Wohltat. Aber am anderen Ende brüllt eine alte Frau – in zugleich wütendem und litaneihaftem Ton – ihrer Schwiegertochter und ihrem Sohn unaufhörlich Beleidigungen und Vorwürfe zu.

Zwischen Nacht und Dämmerung beschließen wir aufzubrechen, wir verlassen den Heuboden.

Der Wagen ist eingekeilt zwischen dem verendeten Pferd des Artilleriefahrzeugs und dem Heck eines anderen Wagens, der seinerseits mit einem anderen verschachtelt ist; der ist gleichfalls eingeklemmt und so weiter über zweihundert Meter. Selbst wenn es mir gelänge, ihn aus dieser unentwirrbaren Reihe herauszuholen, kämen wir nicht weit, der Benzintank ist fast leer. Ein in Hemdsärmeln schlotternder Radfahrer fragt uns, ob wir ihm nicht eine Jacke, eine Decke geben könnten. Wir haben nur eine Bettdecke aus weißer Wolle. Er legt sie sich um die Schultern und geht zu Fuß weiter, über sein Rad gebeugt, einem Gespenst ähnlich.

Wir beraten in diesem rußigen Morgengrauen neben dem verendeten Pferd, das für uns jetzt kaum mehr zählt als eine Böschung oder ein Kilometerstein. Wir beschließen, zu Fuß aufzubrechen. Alle Koffer müssen aufgemacht, in dem kleinsten muß etwas Wäsche verstaut werden. Das ist kompliziert wie bei einem Umzug. Wie alle Männer bei einem Umzug bin ich träge. Es interessiert mich nicht. Ich bin nur auf eines bedacht: *Terre des Hommes* mitzunehmen. Nicht weil dieses Exemplar eine wertvolle, eine besonders wertvolle Ausgabe ist. Für schöne Ausgaben habe ich wenig Sinn. Sondern weil Saint-Exupéry es mir geschenkt hat, weil das schöne Papier, die nicht beschnittenen Seiten nicht Reichtum und Eitelkeit, sondern Freundschaft sind. Weil Saint-Exupéry mit seiner luftigen Handschrift einige Worte hineingeschrieben hat, an denen meine Freundschaft sich labt wie an einer Quelle, einige Worte, über die ich stolz wäre, ginge nicht Freundschaft über Stolz.

Terre des Hommes verdanke ich ebenso viel Beunruhigendes wie Freude. Als ich um Obdach bitten mußte, vertraute ich mein Buch dem Gastgeber an, der es im höch-

56

sten Fach eines Schrankes unter einem Stapel von Bett-
tüchern versteckte. Dann, als ich nachgedacht hatte und
glaubte, mich wieder auf den Weg machen zu können,
schien mir, es wäre eher in Sicherheit, wenn ich es mit-
nähme. Da ich nicht weg konnte, gab ich es abermals meinem Gastgeber. Und nahm es wieder an mich. Wie Sie
unsere Flucht kompliziert haben, Saint-Ex!

Wenn der Wagen schon zurückgelassen werden muß,
dann erst später. So oder so wird er ausgeplündert. Also
kann man ihn genauso gut bis zum letzten Benzintropfen
ausnutzen. Ich weiß nicht, wie wir ihn freibekommen
haben. Aber von einem Trittbrett steht ein Mann auf und
hilft uns. Seine Frau und seine fünf Kinder sind während
des Gefechts am Vorabend verschwunden. Er war mit zwei
befreundeten Familien unterwegs, auf zwei Wagen verteilt.
Die beiden Fahrer sind verschwunden.

Das Gefecht am Vorabend hat die Straße freigeräumt.
Wir fahren unbehindert. Ich erinnere mich lediglich an
eine Bäuerin, die brüllte und sich am Boden wälzte; ein
Mann versuchte sie festzuhalten. Wir kommen nach
Ozouer. Aber mitten im Ort haben Granateinschläge die
Straße durchlöchert und unpassierbar gemacht. Wir schlagen einen Weg ein, der auch nach Gien führt, zur Brücke
von Gien, an die Loire, die den feindlichen Armeen Halt
gebietet.

Von den am Straßenrand stehengelassenen Autos, den
Autos im Straßengraben, auf ihren Rädern oder umge-
stürzt, habe ich wenig oder gar nicht gesprochen. Ich habe
also nicht das treffende Bild einer Landschaft gegeben, die

mit Autos übersät ist wie ein unbebautes Grundstück mit Konservendosen. Auch von denen, die sie haben stehen lassen, habe ich nichts gesagt. Aber ich will nicht im Rückblick ein Mitleid vortäuschen, das ich nicht empfand und das sich in nüchternes Konstatieren verwandelt hatte. Männer, Frauen, Kinder waren zu Fußgängern geworden. Es war nicht mehr als der Wechsel in eine andere Gruppe, genauso gleichgültig wie eine Versetzung beim Militär. Ich hatte die Gleichgültigkeit des Soldaten oder des Emigranten erworben.

Hinter Ozouer kommen Fuhrwerke und Autos in Richtung Ozouer und Lorris zurück, entfernen sich also von der Loire. Man ruft uns zu, man komme nicht mehr über die Loire und die Brücke in Gien sei gesprengt worden.

Meine Frau entscheidet, die Loire zu überqueren, koste es was es wolle, egal wie, notfalls schwimmend. Ich bewundere sie dafür, daß sie noch über das Geschick nachdenkt und darauf einzuwirken glaubt. Alles erscheint mir so vollkommen zusammenhanglos, daß ich den Eindruck habe, es sei nun unmöglich, eine Überlegung oder einen menschlichen Willen ins Spiel zu bringen.

Das Land ist nackt und scheint unbewohnt. Man sieht nur Flüchtende, Nomaden. Dieses Land ist eine Wüstenpiste.

Ein Flugzeug fliegt über uns und beschießt uns vage, ohne große Hartnäckigkeit. Flucht in den Graben und in die Wälder.

Ein jammernder Fünfzigjähriger, Arzt aus der Umgebung von Paris, hat seinen Wagen mangels Benzin aufgegeben. Er hat weder Koffer noch Brotbeutel oder Bündel mitgenommen. Es liegt etwas Tröstliches in der Verzweiflung, das darin besteht, sich von allem zu trennen, ganz auf sich selbst zurückgeworfen zu sein. Der hier ist überhaupt nicht bereit, sein eigenes Elend im Elend aller aufgehen zu lassen. Er flüchtet sich hinein in die Klage, in die Tränen. Er ist allein, er irrt umher, er läuft vor sich hin. Er jammert aber darüber, irgendein Buch zurückgelassen zu haben. Das ist rührend und ein bißchen komisch, denn ich erinnere mich, daß es sich um eine jener Luxusausgaben mit schlechten Illustrationen handelte, wie man sie nach dem Krieg von 1914-18 massenweise produzierte.

Ich hatte zwei Bäuerinnen in Begleitung eines kleinen Mädchens beruhigt, die von ich weiß nicht wo kamen. Ich hatte ihnen, ohne irgend etwas zu wissen, ganz zufällig gesagt, daß die Chance sehr gering sei, von den Geschossen aus dem Flugzeug getroffen zu werden. Wir erzählen uns unser Unglück. Sie schlagen uns vor, daß wir mit ihnen in einem verlassenen Bauernhof Zuflucht suchen, der abseits des Weges liegt. Den Deutschen wird es nicht einfallen, dort vorbeizukommen. Wir werden »dort abwarten«. Es gibt Betten und Stroh und Kartoffeln auf einem Feld direkt neben dem Haus. Im Hof picken noch Hühner. Und eine verängstigte Kuh auf der Wiese wartet nur darauf, gemolken zu werden.

Viele Menschen haben tagelang auf diese Weise gelebt. Das Vorhaben war nicht unsinnig. Aber die Deutschen ließen weder die kleinen Wege noch die einzeln stehenden Häuser außer acht. Die Vorstellung vom Landleben am Rand der Massenflucht ist verlockend für mich. Aber wir wollten die Loire überqueren.

Meine Frau erfährt von einem alten Bauern, daß es in der Nähe eine Mühle und einen Fährmann gibt. Unsere Entscheidung ist gefallen. Wir werden den Müller bitten, das Auto unterzustellen und werden mit drei kleinen Koffern, die wir so leicht wie möglich machen, den Fluß überqueren, da wir danach zu Fuß weitergehen müssen.

LES DOUCIERS. FÜNFTE KOLONNE

Der Bauer war ein orientalischer Erzähler. Auf seine Angaben hin finden wir, fünfhundert Meter von der Loire entfernt, einen sandigen Hof und ein niedriges Haus. Nicht weit davon gibt es tatsächlich eine alte Mühle, aber dort wird schon seit langer Zeit nicht mehr gemahlen. Der Fährmann ist ein Pariser, der am Vorabend hier Zuflucht gesucht und ein paar Soldaten über die Loire gesetzt hat.

Ich erfahre das von einer Dame mit dunklen Haaren, die recht zurückhaltend ist und sich beim Reden ein wenig ziert. Ihr gehört das Haus. Ihr Mann ist in Courbevoie geblieben, wo er eine Fabrik leitet. Ihre Wohnung ist bombardiert worden, die Bomben haben großen Schaden angerichtet, vor allem haben sie Spiegel zerbrochen, die viertausend Francs das Stück wert waren. Ja, es stimmt, daß ein Pariser, der zu ihren Bekannten gehört, ein paar Soldaten übergesetzt hat und daß er vielleicht bereit ist, uns ebenfalls überzusetzen. Sie ist damit einverstanden, uns einen ihrer Kähne zu leihen, allerdings unter der Bedingung, daß der andere, den ein Flüchtender auf dem anderen Ufer gelassen hat, zurückgebracht werde. Denn jeder dieser Kähne sei dreitausendfünfhundert Francs wert, »und dreitausendfünfhundert Francs wirft man nicht einfach in die Loire.«

Ich erfahre auch, daß sich zwei Soldaten eine Leiter ausgeliehen haben, um die Loire zu überqueren. Sie sind ins Wasser gestiegen und haben sich an den Sprossen festgehalten. Doch einer von ihnen ist ertrunken.

Ich bewundere die Blüten einiger Rosenbüsche auf der anderen Seite des Hofs gegenüber dem Haus. Ich bewundere sie gutwillig und um die Dame zu hofieren, denn ich bin der Gast, der Bittsteller. Ich erfahre, daß die Rosen nur dank der Pflege eines alten Gärtners so gedeihen, eines alten biederen Mannes, der aber kaum mit der Arbeit vorankommt und dem sie sieben Francs die Stunde zahlt.

Ich bin, wie ich gestehen muß, von dieser Bewertung aller Dinge in Zahlen, von dieser Umrechnung der Welt in Preise etwas peinlich berührt. Es erscheint mir zu einfach, darin nur ein Zeichen individueller Gewöhnlichkeit und schlechter Erziehung zu sehen. Dagegen ist nicht anzukommen, es ist hartnäckig, wie ein Tick; ich glaube, es muß eine Art Krankheit sein.

Davon abgesehen ist der Empfang bei Madame Soutreux nicht ohne eine gewisse, etwas affektierte und verkrampfte Freundlichkeit, eine Freundlichkeit ohne Herzlichkeit. Aber mit welchem Recht sollten wir denn fordern, daß sie uns in ihr Herz schließt? Sie verweigert uns nicht den Zugang zu ihrem Hof. Sie wird uns einem geheimnisvollen und selbstlosen Fährmann vorstellen; sie ist damit einverstanden, daß wir unseren Wagen in ihrem Hof stehen lassen, unter der Bedingung natürlich (das versteht sich von selbst und ist nur gerecht), daß das nicht für lange geschieht... Sie willigt auch ein, ein paar Gegenstände, die uns teuer sind, bei sich aufzubewahren. Außerdem verfügt sie über das Geheimnis der Loire, sie ist die Gottheit der Loire. Und wir wollen um jeden Preis die Loire überqueren. Um die Loire zu überqueren, bin ich zu allen Zugeständnissen, zu jedem Entgegenkommen bereit. Deshalb schlage ich ihr vor, hinüberzuschwimmen und den auf dem anderen Ufer zurückgebliebenen Kahn im Wert von dreitausendfünfhundert Francs zu holen.

Wir bereiten unsere Bündel für die Überquerung und für den weiteren Exodus zu Fuß vor.

Aber über unseren Köpfen beginnt ein Artilleriegefecht. Die französischen Granaten schlagen bei Ozouer ein, die deutschen in den geräumten Dörfern am anderen Ufer. Ein Geschoß fällt in den Hof. Es ist nicht mehr daran zu denken, die Loire zu überqueren.

Madame Soutreux bietet Gastfreundschaft an. Sie erlaubt uns, in ihrem Hof zu bleiben und im Auto zu übernachten.

Wir sind die Unbekannten. Wir sind in diesem Haus aufgetaucht, das abseits der Straße liegt, das man nur über einen schlechten, ausgefahrenen Weg erreicht. Es ist ein ehemaliger Bauernhof, der aus einem Erdgeschoß auf gleicher Höhe wie der Hof besteht sowie einem Schuppen, über dem sich ein Heuboden befindet. Der Umbau zu einem Wochenendhaus für Pariser ist noch nicht lange her. Ein einziger Raum ist erst eingerichtet, der Madame S... als Eß- und Schlafzimmer dient. Die Wände der anderen Räume sind noch nicht tapeziert, die Türen noch nicht gestrichen. In einem dieser Räume liegt eine Matratze.

Madame Soutreux wohnt nicht allein in diesem recht großen und noch nicht hergerichteten Haus. Im Hof und im Haus laufen Leute herum, die sich dort auszukennen und »befugt« zu sein scheinen. Der schlechteste Beobachter würde sofort bemerken, daß sie eine labile Gruppe bilden und daß sie einander auf seltsame Weise unähnlich sind. Einige sind kaum einzuordnen. Die meisten Schriftsteller stützen sich auf einen Hintergrund stabiler, genau bestimmter Sitten. Ihre Figuren nähern oder entfernen sich von dem allgemein Üblichen. Aber in Frankreich haben sich seit 1914 Vorurteile ebenso wie die guten Prinzipien abgeschwächt. Die Sitten und die gesellschaftlichen Beziehungen haben alle Stabilität verloren. Die schwachen Persönlichkeiten haben ihren inneren Halt verloren, und diese Inkohärenz verleiht ihnen eine vermeintliche Originalität.

Acht Tage lang haben wir mit Leuten zusammengelebt, unter denen einige uns geradezu unerklärlich schienen. Zumindest so überraschend, daß wir sie nicht sofort charakterisieren konnten. Ich sage, daß nur ein Balzac diesen Leuten ihren Charakter lassen und sie zugleich zu einer gewissen Einheit bringen könnte – aber würde selbst ihm die Epoche das gestatten?

Nur die Aufresnes sind für uns verstehbar, und ihre Gefühle sind hier die einzigen, die uns nicht so fremd sind wie die eines Mars- oder Mondbewohners. Aufresne ist ehemaliger Abteilungsleiter eines Warenhauses, der sich selbständig gemacht hat. Von schwerfälligem Aussehen, ein gängiger Typ des Durchschnittsfranzosen, der Familientugenden bewahrt hat, der aber andere weder bewahrt noch erworben hat und seit 1920 keine andere Sorge und keinen anderen Zauber kennt als den des Autos und der Hotels. Maßvoll in seinen Worten, sogar recht entschlossen. Aber nicht ohne Mut. Er ist es, der französischen Soldaten hilft, die Loire zu überqueren. Und er weiß, welches Risiko er im Fall einer Denunzierung oder eines plötzlichen Auftauchens der Deutschen eingeht.

Seine Frau war nicht ohne Finesse und Charme, und die weitere Erzählung wird zeigen, daß sie auch Herz besaß. Sie waren am Vorabend mit ihrer Tochter angekommen, einer sehr jungen Frau, sowie ihrem Enkelkind, einem zwei Jahre alten Baby.

Sie hatten bei ihrem Aufbruch in Paris noch nicht Les Douciers zum Ziel gehabt, aber im schlimmsten Stau und angesichts eines ausgelaufenen Pleuellagers hatte sich Aufresne an die Bekanntschaft zu Monsieur Soutreux erinnert und daran, daß er den Ort Les Douciers kannte, wo er schon einmal einen Sonntag verbracht hatte. Sie schlafen im Schuppen.

Madame Lerouchon, die Frau des Besitzers einer Autowerkstatt, ist schon recht lange in Les Douciers. Aber sie lebt mit ihrer Mutter in einem Wohnwagen, der auf der Wiese hinter dem Hof steht. Sie kommt aus Metz und spricht ebenso fließend deutsch wie französisch. Madame Lerouchon ähnelt einer Ringkämpferin vom Jahrmarkt, sie hat deren Masse und aufgedunsenes Gesicht. Sie kann nicht reden ohne zu schreien und begleitet ihr Schreien mit einer Art besessener Pantomime, einer Pantomine, die nicht nur ein Gestikulieren ist, sondern ein Vorstoßen des ganzen Körpers, Vorstoßen des Kopfes und gleichzeitiges Vorstoßen der Lippen. Sie redet so, wie Hofhunde bellen, bei denen das Bellen kein Zeichen für Wut, sondern für Erregung ist und die mit dem Schwanz wedeln, während sie Laut geben. Nichts erlaubte mir zu sagen, daß diese Frau bösartig sei. Es ist schlimmer, oder es ist etwas anderes.

Ihre Nichte ähnelt den *Gretchen**, wie sie auf französischen Bilderbogen um 1890 zu sehen waren: sogenannte Porzellanaugen und blonde Zöpfe.

Im Hof, im Haus läuft ein unablässig beschäftigter Alter herum, immer mit einem schwarzen Filzhut und einem fast weißen Staubmantel. Sein abgemagertes Gesicht ähnelt einem Totenkopf, aber einem Totenkopf ohne etwas Makabres, einem Totenkopf ohne Leben oder Tod, Pferdeschädel-Totenkopf. Sein südfranzösischer Akzent – mag er auch echt sein – ist so stark, daß er wie gespielt wirkt. Alle nennen ihn »den alten Monsieur«, und niemand kennt einen anderen Namen.

Er redet viel von seinem Sohn, einem Automechaniker, der an der Landstraße ist und aus Barmherzigkeit die liegengebliebenen Wagen repariert.

Es schien mir, als ob der ereignislose Krieg der ersten Monate, so wie ich ihn in Paris erlebt habe, für die Pariser bisweilen wie ein zeitlich entfernter Krieg war, ein Krieg, abgekühlt wie durch ein Geschichtsbuch. An einem der allerersten Tage hatte ich einen Lebensmittelhändler von

---

* Die kursiv gesetzten Passagen sind deutsch im Original (A.d.Ü.)

Combs-la-Ville, der am nächsten Tag einrücken mußte, erklären hören, während er dabei war, Papierstreifen auf seine Scheiben zu kleben, er würde Adolf gern den Kopf abhauen. Danach hörte ich nichts Vergleichbares mehr, und ich sah darin nur die Ruhe eines Volkes, das sich selbst im Griff hatte. Der Deutsche hackte den Kindern nicht mehr die Hände ab. Der Franzose besaß nicht mehr das magische Marmeladenbrot, auf dem die Deutschen wie Fliegen auf dem Leim kleben blieben und das von so vollständig umfassender Wirkung war, daß jegliche Strategie und jegliche Taktik überflüssig würden. Man ermaß die Gefühle des Volkes nicht leicht. Aber es schien, als empfinde das Volk sehr deutlich, daß der Deutsche in diesen Augenblicken der Geschichte der Feind sei. Bei Madame Soutreux verstand ich zum erstenmal, daß es auch anders sein konnte.

Kopf, Mund und Lippen vorgestreckt, brüllte Madame Lerouchon im Tone eines Ehestreits:

»Sie glauben alles, was man Ihnen über Hitler erzählt. Aber über Chamberlain hat man Ihnen nichts erzählt.« Und mit noch höherer Stimme, das letzte Wort herausstoßend wie ein Tenor, der sich zum hohen C emporschwingt, wiederholte sie: »Man hat es Ihnen gesagt... man hat es Ihnen gesagt... man hat es Ihnen gesagt... man hat es Ihnen gesagt, daß Hitler böse wäre... Aber was wissen Sie darüber?... Was soll er Ihnen Böses tun?...«

Madame Lerouchon wurde offensichtlich von der Wut übermannt. Aber es war kein heiliger Zorn. Es war in gewisser Weise eine wohlerzogene Wut, eine Wut der Empörung, eine Wut ohne Bösartigkeit.

Mit plebejischer Kraft, aber auch mit abstoßender Tri-
vialität, zeichnete sie einen unerbittlichen Chamberlain
und einen wackeren Hitler, sie verwandelte die Themen
von Radio Stuttgart in naive Klischees.

Es ist unmöglich, daß Madame Soutreux unser Erstaunen und unseren Widerwillen nicht wahrgenommen hat.
Man hätte meinen können, sie wolle die Worte von Madame Lerouchon erklären und kommentieren. Es war ein
anderer Ton, ein leiser, zuckriger Ton. Sie redete mit ver-
kniffenen Lippen. Ihre Worte waren nicht so lyrisch, und
es fehlte ihnen die ostentative Begeisterung. Auch sie recht-
fertigte Hitler und Deutschland, aber scheinbar unpartei-
isch und mittels jener historischen, allen Zeitungslesern
vertrauten Schlußfolgerungen.

»Man hat Deutschland seiner Kolonien beraubt«, sagte
sie. »Damit zwang man es, seine Revanche vorzubereiten.
Deutschland muß sich im Verhältnis zu seiner Bevölkerung
ausdehnen. Man darf nicht nur eine Stimme hören, man
muß beide Seiten sehen... Man muß verstehen, daß die
Deutschen große Organisatoren sind...«

Nach einer Woche der Sorge und Schlaflosigkeit fan-
den wir eine Atempause, Asyl in einem französischen Haus.
Die Worte, die wir dort hörten, erschienen uns wie Hallu-
zinationen. Aber im Augenblick suche ich nicht nach einer Erklärung, ich erzähle gewissenhaft und streng in der
Reihenfolge der Ereignisse. Während die beiden Frauen
redeten, erinnerte ich mich, daß die Militärtribunale in Paris »Defätisten« zu Monaten, zu Jahren Gefängnis verurteilt
haben, von denen einige nur harmlose Zweifel geäußert

hatten. Ich hatte an einer dieser Verhandlungen teil-
genommen. Streng wurden dort arme Teufel mit unge-
wissem Schicksal verurteilt, die an der Theke eines Bistros
behauptet hatten, ganze Züge mit Verwundeten führen
zurück nach Paris. Und ich erlebte, wie Pastor Roser, der
geäußert hatte, Evangelium und Krieg seien nicht miteinander vereinbar, zu fünf Jahren Gefängnis verurteilt wurde.
Aber diese beiden Frauen bezeugten Deutschland gegenüber ihre Ergebenheit in einem Ton, der nichts Vertrau-
liches hatte, ohne irgendetwas zu verbergen und so, als ob
es die Bekundung einer orthodoxen Wahrheit sei.

Dann erschienen zwei deutsche Soldaten im Hof. Sicherlich bewaffnet, aber versprengt, niemanden fürchtend
und niemanden bedrohend, Spaziergänger sozusagen. Sie
kamen mir gefährlicher vor als jene, die am Vorabend in
Ozouer mit dem Maschinengewehr schossen. In Ozouer
waren wir in die Gefahr, in die Wirren des Krieges einbe-
zogen. Wir sahen uns unmittelbar der Gewalttätigkeit und
dem Lärm des Krieges ausgesetzt, in einer Ungewißheit,
die ein Mensch, der den Tod nicht allzu sehr fürchtet, beherrschen kann. Aber diese beiden vereinzelten Soldaten
waren wie eine ganze Armee auf einem Stück Boden, alle
waren wir die Gefangenen dieser beiden Soldaten. Die
gestern konnten uns töten, diese hier konnten uns demütigen.

Sie wollten nur ihre Feldflaschen mit Wasser vom Brunnen füllen. Aber Madame Soutreux verstand es anders. Sie
ging in den Keller hinunter und brachte ihnen eine Flasche Wein. Sie begann mit ihnen ein herzliches Gespräch.

Sie sprach so fließend deutsch, daß ich von dem, was sie sagte, kein einziges Wort verstehen konnte.

Die beiden Deutschen beugten sich gleichzeitig zu dem Baby der Aufresnes, und einer von ihnen nahm es auf seine Arme. Ich habe später immer wieder gesehen, wie deutsche Soldaten Kindern gegenüber ihre Tendenz zum Kindermädchen und zu lebhaftester Rührung bekundeten. Ich behaupte überhaupt nicht, daß diese Rührung gespielt sei. Ich glaube aber ebensowenig, daß sie besonders tief geht. Und ich bin sicher, daß entweder ein Teil unbewußter Schauspielerei oder ein Teil vereinbarten Willens da hineinspielt. Der Deutsche bezeugt auf diese Weise seine hohe Kultur. Und die Zuneigung dieser Soldaten zu dem Baby war nicht ganz frei von propagandistischer und demonstrativer Absicht. Der Soldat, der das Kind auf seine Arme genommen hatte, legte es wieder auf den Boden und sagte zu ihm: »Siehst du ... Deine Boches ... Deine Barbaren ...« Das war natürlich an uns gerichtet und nicht an Madame Soutreux, die mit ihnen zusammenstand und über das Wohlwollen ihrer behelmten Gäste zu frohlocken schien.

Ich füge hinzu, daß ich nie einen Deutschen gesehen habe, der sich, bevor er ein Kind auf den Arm nahm, darum gekümmert hätte, ob das den Eltern recht war oder nicht. Man hätte meinen können, das Kind gehöre ihnen aufgrund des Eroberungsrechts.

Eine halbe Stunde später kamen zwei andere Soldaten in den Hof. Uns hatte Madame Soutreux nicht mit einem solch wenig zurückhaltenden, offenherzigen Wohlwollen empfangen. Sie wurde lebendig und geriet ganz außer sich. Ich fragte mich, ob dieser Jubel bei ihr daher komme, weil sie mit Deutschen redete oder weil sie deutsch redete. Ich begann mich zu fragen, ob Madame Soutreux nicht einfach von Fremdsprachen besessen sei. Dann wurde ich Zeuge eines dieser Schauspiele, von denen man sagt, man traute seinen Augen nicht. Madame Soutreux kam vom Keller zurück und brachte zwei Gläser und eine Flasche Champagner. Und sie schenkte eigenhändig den Champagner in die Gläser, die ihr die beiden Soldaten hinhielten. Und lächelnd und gerührt sah sie zu, wie sie tranken.

»*Ponn Kwalitee…*«, sagte einer der Soldaten, um sich bei ihr zu bedanken.

So war es und nicht anders.

Eine Stunde später betrat ein anderer Soldat den Hof. Er hatte kein Glück: Die Soutreux war nicht mehr da. Er bekam nur Wasser.

Er schwitzte und taumelte, nicht weil er betrunken war, sondern aus Müdigkeit. Mit ausgestreckten Armen hielt er uns zwei Feldflaschen entgegen. Ich kenne die Bedeutung dieser Geste noch immer nicht. Fragte er, wo der Brunnen sei? Oder befal er uns, als Herr des Krieges, ihm Wasser zu bringen, daß wir sie selbst füllen sollten? Aufresne nahm die Feldflaschen, ging zum Brunnen, füllte sie, brachte sie dem Soldaten zurück. Sein Gesicht war verkrampft, hochrot. Aber dieses Gesicht gehört nicht zu jenen, in denen man leicht lesen kann. Weder in diesem Augenblick noch später haben wir darüber ein Wort gesprochen. Ich denke, daß er sich selbst sagte: »Ich gehorche dem Gesetz des

Siegers… Ich füge mich dem Zwang…« Ich habe mir gesagt: »Ich hätte mich eher töten lassen, als diesem Soldaten Wasser zu holen.« Ich bin aufrichtig, und ich lüge. Wenn der Soldat seine Waffe auf mich gerichtet hätte, wäre ich zum Brunnen gegangen und hätte ihm die Feldflaschen gefüllt. Die Wahrheit ist, daß wenn ich mit dem Finger auf den Brunnen gezeigt hätte, dieser Soldat und nicht ein anderer in eben dieser Minute ohne Diskussion dorthin gegangen wäre, um seine Feldflaschen aufzufüllen. Aber alles wäre anders gewesen, wenn der Soldat ein betrunkener Kerl gewesen wäre oder wenn die Armeeführung entschieden hätte, Schrecken zu verbreiten.

Eine kindische Debatte … wird man sagen. Der Fall ist kaum von Bedeutung, aber die Debatte ist entscheidend. Das Ermessen der Würde ist keine Arithmetik. Je kleiner das Ereignis, desto besser erfaßt man die Nuancen der Freiheit und der Würde. Ich spüre in dieser Minute, daß ich einem Volk angehöre, das diese Nuancen kannte. Ich erinnere mich, daß mich während meines Militärdienstes ein Hauptfeldwebel in den Hof rief und mir den Befehl gab, auf seine Stube zu gehen und seine Stiefel zu putzen. Ich weigerte mich. Als er alle Drohungen der Härten des Militärgesetzes ausgeschöpft hatte, gab der Hauptfeldwebel seinem Erstaunen und einer Art Neugier nach, die ich nur eine psychologische nennen kann. Ich erklärte ihm, daß die Tatsache, Stiefel zu putzen, mir in keiner Weise unwürdig erscheine, daß ich mit Vergnügen die Stiefel meines Stubenkameraden putzen würde, wenn er zum Appell zu spät wäre oder zu besoffen, um die Aufgabe selbst zu erfüllen, aber daß ich die Stiefel nicht auf Befehl putzen würde. Ich wurde weder erschossen noch bestraft.

Bei Einbruch der Nacht beginnt erneut die Kanonade. Ich habe vergessen zu sagen, daß das Haus nicht unterkellert ist; das, was ich vorhin Keller genannt habe, ist nur eine Art ebenerdiger Vorratsraum. Dorthinein flüchten wir uns, die Aufresnes und wir, Madame Soutreux und die Lerouchon. Da sahen wir zwei Soldaten aus dem Schatten auftauchen. Ich weiß nicht, ob es dieselben wie am Nachmittag sind, ob die mit dem Wein oder die mit dem Champagner oder aber neue Soldaten, ob sie aus eigenem Antrieb kommen oder aufgrund eines Befehls. Ich weiß es nicht und werde es nie wissen. Die Soldaten erklären der Soutreux und der Lerouchon auf deutsch, daß das Haus von den Schüssen bedroht wird, daß es unvorsichtig ist, zu bleiben und machen uns allen Zeichen, ihnen zu folgen.

Da befinden wir uns also unter dem Schutz der Deutschen. Ich habe große Lust zu bleiben. Aber ich denke, daß ich für meine Frau das geringste Risiko wählen muß. Und außerdem schreit mir die Lerouchon, ganz gutmütiges Mädchen, zu: »Kommen Sie doch… Es geht nicht um Politik…«

Ich weiß nicht, ob meine Gefühle politisch sind oder nicht. Aber ich mache der Lächerlichkeit des Wortes ›historisch‹ Platz und antworte der Lerouchon, daß sie sich nicht vorstellen kann, wie sehr ich in diesem Augenblick die französischen Soldaten deutschen Soldaten vorziehe. Ich glaube, daß ich sogar die Schwäche hatte hinzuzufügen, daß es sich weder um Politik noch um Patriotismus handele, sondern um Würde... Meine Frau bringt mich mit großer Besonnenheit zum Schweigen.

Wir folgen den Deutschen. Wir durchqueren Wiesen. Es ist dunkel. Wir haben seit dem Morgen nichts gegessen. Eine der Wiesen wird von einem mindestens zwei Meter breiten, tiefen Graben durchschnitten. Die Soldaten klettern hinunter, stehen bis zum Knie im Wasser. Einer von ihnen nimmt das Baby auf die Arme. Sie helfen den Frauen beim Überqueren.

Wir gelangen zu einem Hof, wo die Deutschen Quartier bezogen haben. Wir setzen uns auf die Stufen einer Art Freitreppe. Schwerfällige Schatten laufen im Hof umher. Einige der Schatten nähern sich, bilden mit uns eine Gruppe. Das Gespräch besteht aus schnellen, kurzen Sätzen zwischen den Schatten, der Soutreux und der Lerouchon.

Die Lerouchon versäumt es nicht, uns das Wesentliche des Gesprächs zu übersetzen. Die Deutschen geben ihr Auskunft über den Krieg. In triumphierendem Ton schreit sie uns zu:»Sie haben Dreux bombardiert, sie haben Juvisy bombardiert...« Sie schreit uns das zu, als ob sie uns gleichzeitig einen Sieg ihres Landes und einen persönlichen Sieg ankündigte. Dann hört man nur noch heisere und zugleich stimmlose Laute, ein Aufbranden von dynamischen Akzenten. Die Lerouchon übersetzt nur das, was sie jubilieren läßt. Plötzlich schreit sie auf französisch:

»Wissen Sie... ein französischer General hat sich ergeben... Er hat sich ganz allein ergeben...«

Ich habe gesehen, wie Madame Aufresne weinte. Später hat sie mir gesagt, daß sie vor Scham geweint habe.

Die Deutschen haben sich von uns entfernt. Sie bringen Heu in eine Art Vorratskeller. Sie breiten es auf dem Boden und auf Fässern aus. Das ist das Asyl, das sie uns für die Nacht zuweisen.

Die Soutreux und die Lerouchon reden untereinander laut deutsch. In Wirklichkeit glauben sie sich da, wo Deutschland ist, zu sehr zu Hause. Sie vergessen, daß sie nur Gäste sind. Ein Unteroffizier erteilt ihnen grob den Befehl, zu schweigen. Schließlich hat er recht.

Wir legen uns auf dem Stroh schlafen, die einen auf dem Boden, die anderen auf den Fässern. Gegen drei Uhr morgens erklärt irgend jemand, daß die Einschläge näher kommen und daß unser Schutzraum nicht sicher ist. Wir rennen querfeldein. Die Granaten pfeifen... Ihr Lärm ist mir nicht angenehm. Aber als das Zusammenzucken nach dem ersten Zersplittern der Granaten vorbei ist, ist es mir unmöglich, sie nicht zu verdrängen. Es gelingt mir nur sehr schwer, die Vorstellung zu überwinden, daß die Granaten nicht zu meiner persönlichen Welt gehören... Ich habe mit ihnen keine gemeinsame Sprache. Dieses Artilleriespiel ist mir genauso fremd wie das Belote-Spiel.

Bereits vor Lorris, als ich im Gras lag, mit schmerzenden Schultern, während die Lastwagen unaufhörlich vorbeizogen, fand ich in mir den Soldaten wieder, den Soldaten von 1915, verloren im Geschehen. Aber das war noch eine Art Camping, das ich für vorläufig hielt. Jetzt gibt es in mir nur noch Verlassenheit und Gefühlskälte. Ja, alles in mir ist wie eingefroren... Ich finde die Seele, die Empfindungslosigkeit und die Leidenschaften eines Soldaten wieder. Ich bin müde, ich habe Hunger, und ich bin voller Gewißheiten. Der Krieg von 1914-18 war schüchtern in seinen Zielen, auf bescheidene Weise territorial, auf bescheidene Weise wirtschaftlich. Diesmal geht es um die Gesamtheit des Menschen und die Gesamtheit der Menschen. So umfassend, daß die Masse und ihre Herren keine symbolischen Lügen mehr finden, um es auszudrücken. Die Antreiber dieses Krieges haben keine abgeschnittenen Hände erfunden, die Masse ebensowenig.

Wir erreichen einen Bauernhof, um den herum deutsche Soldaten kampieren. Flüchtlinge verlassen ihn; sie haben ihre Bündel auf eine Schubkarre geladen. Andere Flüchtlinge haben sich dort eingerichtet. Sobald sie verstanden haben, daß wir nur Gäste auf der Durchreise sind, nehmen sie uns freundlich auf und bieten uns Kaffee an.

Wir schlafen bis zum Morgengrauen in der Scheune. Ich schlendere durch den Hof. Ein deutscher Soldat kommt zu mir, spricht mich freundlich an, aber es gelingt mir nicht, ihn zu verstehen. Wir sind uns aber in der unkomplizierten Vorstellung einig, daß der Krieg eine traurige Sache ist, *traurig… traurig…* Ein anderer Soldat spricht mit ihm. Sie scheinen wütend zu sein. Offenbar hat die Lerouchon die deutschen Soldaten beschimpft. Das ist unwahrscheinlich; es hat ein Mißverständnis gegeben. Oder die Lerouchon, die vorhin herzlich mit den Deutschen lachte, muß einen Scherz gemacht haben, der falsch verstanden worden ist. Die beiden kommen zurück. Die Deutschen »schnauzen sie an«. Die Lerouchon will antworten. Aber die Soutreux zieht sie weg. All das im Licht des Morgengrauens. Man könnte denken: zwei Mädchen, die von einem Wachsoldaten verjagt werden.

Wir verlassen den Hof. Die Kanonade geht weiter, aber recht kraftlos. Die Soutreux und die Lerouchon bekommen Angst, machen kehrt, verschwinden hinter einer Hecke. Sie kennen die Abkürzungen und die Lage ihres Hauses. Wir versuchen, über die Landstraße wieder zu ihnen zu stoßen. Das Haus ist für uns kein Heim, aber es ist im Augenblick unser einziges Refugium. Die Landstraße ist von Gehölzen gesäumt, und diese Gehölze sind voll von Kanonen, Pferden und deutschen Soldaten. Die Soldaten zwingen uns, kehrtzumachen.

Wir kommen an einem toten Pferd vorbei (man könnte meinen, es bäumte sich falsch herum auf); wir kommen nahe dem Grab eines deutschen Soldaten vorbei. Wir durchqueren das Dorf Dampierre. Der Boden ist bedeckt mit zerbrochenen Kolben französischer Gewehre. Der Geschützdonner ist nicht mehr zu hören. Wir werden ihn nicht mehr hören.

Wir ruhen uns recht weit von der Landstraße entfernt an einem Waldrand aus. Die Einsamkeit, die Ruhe sind so eindringlich, daß der Krieg weit scheint. Aber versteckt im Gras liegt ein von den Deutschen verlegter Telephondraht auf dem Boden. Von der Landstraße kommt ein Soldat. Er kommt heran und streckt uns eine Dose Büchsenfleisch hin.

Ich fühlte mich erniedrigt. Ich war der Besiegte, der seine Nahrung von der Großzügigkeit des Siegers erhält. So ist der Krieg, er zwingt zu einer groben Vereinfachung;

er denkt armselig, er zwingt dazu, armselig zu denken, in groben Kategorien; er stellt die Nationen in einem Exzeß der Einheit gegenüber, der nichts anderes ist als Verblödung; er stellt den Sieger und den Besiegten einander gegenüber; er unterdrückt die diffizilen Konflikte und ersetzt sie durch einen Faustkampf. So groß der Faustkampf auch sein mag, es bleibt ein Faustkampf. Aber nichts kann in diesem Moment etwas daran ändern, daß der Soldat der ganze Sieg ist und ich die ganze Niederlage bin.

Es war eine französische Dose Büchsenfleisch. »Sie« hatten sie geplündert, gestohlen … Das hat unser Gewissen beruhigt.

Auf der Landstraße kommen, umgeben von einer kleinen Abordnung deutscher Soldaten, zwei gefangene Senegalschützen vorbei. Man könnte meinen zwei schöne schwarze Prinzen, die von ihren schwerfälligen weißen Sklaven eskortiert werden.

Wir brechen wieder auf. Hundert Meter von der Straße entfernt entdecken wir ein Haus. Vor der Räumung des Landes wohnte hier ein Jagdaufseher. Es wird von einem jungen blonden Riesen, seiner Frau und ihren sieben Kindern bewohnt. Die Mutter ist klein und sanft. Der Älteste ist noch keine vierzehn Jahre alt. Sie spielen im Gras in der Sonne, alle in kurzen Hosen oder Badehosen. Es sind nicht die bleichen, erbärmlichen Flüchtlinge, die wir am Vorabend verlassen haben. Es stimmt, daß sie nicht zufällig dort gestrandet sind. Der Vater kannte die Ecke, das Haus. Er hat sich für dieses Refugium entschieden.

Wir haben die Dose Büchsenfleisch gegessen. Und Erbsen aus einem verlassenen Garten. Es waren gute Menschen: Alles, was sie uns geben konnten, ohne daß die Kinder darunter leiden, haben sie uns gegeben... Sogar ein bißchen Brot, sogar Salz, sogar Wein, sogar Kaffee... Und von Herzen. Und wir waren fünf Große. Für das Baby hatte seine Mutter eine Dose Mehl mitgenommen und ließ ihm einen Brei kochen.

Ein paar versprengte Soldaten kommen, um Wasser aus dem Brunnen zu schöpfen. Einer bittet in der Küche um einen Topf, ein anderer um einen Hahn, um ein Bierfaß anzustechen. Er sagt uns im Vorbeigehen, daß in Paris »eine andere Regierung« sei. Er ist sehr groß, seine Augen sind ganz klein, seine Lider haben einen feinen Rand. Ich verstehe, was er sagt; es ist so einfach wie die Grammatikübungen auf dem Gymnasium: »Die Franzosen haben gestern drei deutsche Soldaten getötet...« Aber es ist mir nicht möglich zu erkennen, ob er wütend, betrübt oder empört ist. Ich habe eher den Eindruck, als werfe er mir eine Verletzung der Spielregeln vor. Was für eine merkwürdige Vorstellung, deutsche Soldaten zu töten!

Auf der Landstraße, hundert Meter von uns entfernt, marschiert ein Regiment; ein Rechteck auf der Straße. Wenn man mir sagte:»Die Straße weint...«, so würde ich es glauben. Ich betraure Frankreich, in einer Landschaft, die ich nicht kenne, die nicht zu jenen gehört, die ich schätzen gelernt habe, eine flache Landschaft mit zu viel Himmel.

Wir haben ein Mus aus Sauerampfer und Stücke von einem Brotlaib zu Abend gegessen, den wir im Wald gefunden hatten. Wir haben auf Stroh geschlafen, in einer Baracke mit Blechdach. Die ganze Nacht über hörte man das Rollen der deutschen Lastwagen und heisere Befehle. Hitler ergriff Besitz von Frankreich.

Ich bin eingeschlafen, dann plötzlich aufgeschreckt. Ich dachte an den Lärm von Maschinengewehren. Es war nur das Schnattern der Enten. Wie schön das Schnattern der Enten ist! Darin liegt der ganze Frieden. Ich wußte nicht, daß ich das Schnattern der Enten so sehr mag... Aber es gibt keinen Frieden mehr auf der Erde. Ich bin eingeschlossen, umstellt, eingezwängt in diesen Krieg und in diesen Frieden, der mehr noch Krieg sein wird als der vorausgegangene. Und warum hat gestern keiner von uns gewagt, bis zu den beiden Eimern voller Bohnen zu gehen? Zwei volle Eimer, die die Deutschen im Hof stehen gelassen haben. Die Hunde haben sie gefressen.

Dort haben wir den nächsten Tag verbracht. Warum? Ich könnte es nicht sagen. »Um zu sehen, wie die Dinge sich entwickeln, weil es vorsichtiger ist, abzuwarten...«

Unser Gastgeber, mal der Apotheker in einer Kleinstadt im Norden, mal der Laborgehilfe in einem großen Laden in Paris, erinnert eher an einen Quäker als an einen Verkäufer von Antipyrin. Seine Lebensphilosophie, seine politischen Ansichten gebe ich ohne Kommentar wieder. »Frankreich ist bestraft worden, und es hat es verdient. Aber England wird sich retten und wird uns retten. Die Vorsehung wird weder Frankreich noch England aufgeben.«

Er errät, daß ich nicht ausreichend an die Vorsehung glaube, und er unterbricht seine allgemeinen Ausführungen, um mir besonders die offensichtlichen Eingriffe der Vorsehung zu beweisen: »Wir haben Beweise, daß viele mit einem einfachen kleinen Gebet durch das Maschinengewehrfeuer gegangen sind.«

Und er nimmt sein Thema vom geretteten Frankreich wieder auf: »Frankreich wird sich wieder erheben, weil es nach dem Krieg kein Geld mehr geben wird, um die Lehrer und die Abgeordneten zu bezahlen.«

Zwei Tage waren wir von der Kirmeswahnsinnigen und der Schloßherrin mit den Spiegeln zu viertausend Franc, die mit den Deutschen Champagner trinkt, erlöst. Wir empfanden richtige Erleichterung. Trotzdem müssen wir dahin zurückkehren. Es ist unsere einzige Zuflucht. Wir durchqueren ein Unterholz: Die Sonne dringt durch die Zweige, und der Boden ist purpurrot. Alles ist hier vor dem Krieg geschützt worden. Für einen Augenblick läßt sich die Welt auf die Betrachtung dieses Unterholzes beschränken. Ich erinnere mich, wie ich 1915 in einem Schützengraben eine Orange schälte; die Frucht erschien mir, als ob sie durch ihre Schale vor dem Krieg bewahrt worden wäre, vor der Beschmutzung durch den Krieg, so als ob sie das einzige reine Ding wäre, das einzige, was der Krieg nicht berührt hätte.

Die Deutschen haben das Haus der Soutreux, die Wiesen und die Wälder zur Loire hin, die Wälder jenseits des Weges besetzt. Der Hof ist voll von ihnen.

Ich wiederhole einfach vor mich hin: »Ich bin nicht mehr in Frankreich...« Es stimmt, daß sie so wirken, als seien sie zu Hause. Bei den Soldaten, die wir bei dem mystischen Apotheker gesehen haben, gab es irgendein menschliches Zögern; sie waren versprengt, auf dem Land verlorene Touristen; sie trugen nicht den Stolz einer siegreichen Armee in sich. Aber diese hier bilden eine militärische Einheit. Sie zeigen eine willentliche, eine hochmütige Anmaßung. Entweder ignorieren und verdrängen sie uns, wenn sie an uns vorbeigehen. Oder sie versuchen, uns zu verletzen, uns zu erniedrigen. Ein *Feldwebel* bellt seinen Männern über unsere Köpfe hinweg zu: »*Deumain haute Parade in Paris...*«

Mir wird bewußt, daß ich noch nicht an die Vollständigkeit der Niederlage geglaubt hatte. Ich glaubte an etwas wie eine Krankheit, vor der man Angst hat und deren Existenz man in seinem Innern doch ausschließt. Jeder einzelne dieser Deutschen ist das Zeichen einer Krankheit, deren Beschreibung man gelesen hat, die man aber plötzlich in seiner eigenen Haut entdeckt.

Ein paar Soldaten haben sich in Klappsesseln ausgestreckt; man könnte meinen, daß sie für uns die Glückseligkeit und die Ruhe des Sieges zur Schau stellen. Sollte das nur die Folge meiner Erbitterung sein? Wären französische Soldaten im Manöver anders? Ich glaube, weniger schwerfällig und weniger kindisch. Zwei Soldaten spielen mit einem Ball; ein weiterer dreht wie ein Kind, mit unglaublicher Hartnäckigkeit, auf einem Fahrrad Kreise im Hof.

Die Soutreux empfängt uns mit besonderer Liebenswürdigkeit. Sie hat sich große Sorgen um uns gemacht, sagt sie. Sie bietet uns an, auf dem Stroh in einem ihrer

Zimmer zu schlafen, dem einzigen, das nicht von den Deutschen besetzt ist. Wir haben geschlafen, durch eine Zwischenwand von ihnen getrennt. Am Morgen brechen sie auf. Es gab kein Durcheinander. Man hat einen Befehl gehört. Sie sind alle gleichzeitig aufgefahren, als ob sie in geschlossener Reihe bei der Parade marschierten.

Der Hof ist erlöst. Wir atmen auf. Es ist, als ob ganz Frankreich ihrer entledigt wäre.

Die Nichte der Lerouchon kommt zu uns: »Wir langweilen uns«, sagt sie. »Jetzt, wo sie nicht mehr da sind, ist es zu ruhig.«

Ich habe im Wald ein Stück deutsches Brot gefunden. Ich war allein. Niemand sah mich. Ich habe es gegessen.

Die Wege ein Trödellager: Dort sieht man Motorräder, Fahrradreifen, Konservendosen, Hemden, Unterhosen, deutsche Illustrierte. Ich bücke mich zu einer seltsamen Schachtel, die an einen physikalischen Experimentier-kasten erinnert. Es ist ein französischer Militärtelegraph.

Die beiden Bauernhöfe, die am nächsten liegen, sind von ihren Bewohnern geräumt und während der beiden vergangenen Tage von den Deutschen besetzt worden. Sie sind geplündert, die Schubladen geleert. Was nicht gut ge-nug erschien, mitgenommen zu werden, ist auf den Boden geworfen. Man tritt auf einen Brautkranz von Orangen-blüten und auf eingerahmte Photographien. Heuchlerische Empörung wäre hier fehl am Platz. Alle Soldaten von 1914 haben französische Bauernhöfe gesehen, an denen nur Franzosen vorbeigekommen waren. Diese Form des Plün-derns ist die Tat von Soldaten und nicht von Deutschen.

Tische, Stühle sind vor das Haus, in den Hof gestellt worden. Auf dem Tablett Gläser und leere Flaschen, ein paar Papierblätter, Stifte. Offiziere oder *Feldwebel* haben sich dort niedergelassen, haben es sich dort bequem gemacht...

Man sieht verendete Kaninchen in ihren Ställen. Die Hühner und die Kühe sind nicht geflohen. Aber sie bewegen sich nicht, die Hühner picken nicht, und die Kühe grasen nicht. Sie sind, die einen wie die anderen, seltsam bewegungslos... Sie liegen nicht auf der Erde, sie stehen und sind in Wirklichkeit mehr als bewegungslos: erstarrt, zu einem Block erstarrt, an den Boden geklebt wie auf einen Sockel, Kühe und Hühner nach dem Ende der Welt.

Wir nehmen unsere Mahlzeiten im Hof auf dem Trittbrett des Autos sitzend ein. Es kommt vor, daß ein altes Auto eine Art Heim wird. Unsere Mahlzeiten: Eine Sardine, ein bißchen Brot, das wir gefunden haben. Wir sind Landfahrer, Zigeuner. Aber vom nächsten Tag an läßt die Soutreux uns durch ihr Hausmädchen eine Schüssel Suppe und eine Flasche Wein bringen oder bringt sie uns selbst. Ihre Liebenswürdigkeit ist ein wenig herb, ein wenig reserviert. Wir antworten ihr mit einer heuchlerischen Liebenswürdigkeit. Vor allem anderen fürchten wir, davongejagt zu werden, uns schutzlos auf einer Landstraße wiederzufinden, die nirgends mehr hinführt. Ohne Skrupel nehmen wir es hin, und unsere Heuchelei scheint uns gerechtfertigt. Die Frau, die den deutschen Soldaten Champagner anbietet, kann uns doch ohne weiteres ein bißchen Suppe anbieten, ohne daß wir dafür allzu große Dankbarkeit empfänden... Wir nehmen es hin, so wie

Gefangene ihre kümmerliche Kost hinnehmen. Denn bei der Soutreux ist es offensichtlich, daß wir uns nicht in Frankreich befinden. Wir sind auch nicht ganz in Deutschland. Wir sind in einem Land, von dessen Existenz wir nichts wußten: Ein Frankreich, das den deutschen Sieg hinnimmt oder sich darüber freut, ein Frankreich, das sich keinerlei französischer Sitte oder Eigenschaft verbunden fühlt. Wir betrachteten diese Frau verblüfft. Das wußten wir nicht. Und wir fragten uns, ob sie zur »fünften Kolonne« gehöre.

Ganz sicher errechnet sie den Preis für die Nahrungsmittel, so wie sie den Preis ihrer facettierten Spiegel, ihrer Gärtnerarbeitsstunden und ihrer Matratze kennt (es ist eine Matratze für zwölfhundert Francs). Wir sorgen für die unseren und zum Teil für die ihren. Weder sie noch wir werden ihre Hühner oder ihre Eier essen. Wir bringen aus den geräumten Bauernhöfen alles, was eßbar ist und was die Deutschen dagelassen haben. Ich habe zwei frei herumlaufende Kaninchen gefangen, das eine, das ich vor einem Zaun in die Enge getrieben habe, das andere, das ich geschickt gezwungen habe, sich in den Winkel eines Vorratsraumes zu flüchten, zwei nahrhafte Kaninchen, zwei Kaninchen, die diplomatische Geschenke darstellen.

Dort habe ich zum erstenmal gehört, wie das Wort »sich erbarmen« in einem neuen Sinn verwendet wurde, der mir seltsam erschien. Dieses Wort hatte für mich bislang einen anderen Klang. All diejenigen, die mit Gegenständen zurückkamen, die sie auf der Landstraße gefunden hatten (sei das ein Motorrad oder ein Taschentuch) oder die sie aus den verlassenen Autos gestohlen hatten, sagten treuherzig: »Dessen habe ich mich erbarmt…«

Der alte Monsieur erbarmte sich wie eine Elster. Ihm war alles gut genug. Es war seine einzige Beschäftigung und seine einzige Sorge. Er streift von Les Douciers zu den Bauernhöfen und von den Bauernhöfen nach Les Douciers. Nichts entgeht seinen Nachforschungen, weder ein Kalender an einer Wand noch eine Schachtel Reis, die in den Graben gefallen ist. Er führt seine Fundstücke wie ein Sammler vor, der eine herrliche Gelegenheit entdeckt hat, ein seltenes Stück. Er ist von einer besessenen Großzügigkeit. Man könnte glauben, er arbeite nur für die Gemeinschaft. Aber er versteckt die Hauptgewinne und verschenkt immer nur unbrauchbare Reste: Etwa den Bodensatz einer Blechdose, die gerade nur ein wenig mit einer Mischung aus gemahlenem Kaffee und kleingestoßenem Zucker bedeckt ist. Er bietet sie mit einer Art autoritärer Gewalt an und scheint wütend, wenn man sie geringschätzt.

Sein Sohn erbarmt sich mit größeren Ambitionen. Tagsüber sieht man ihn nie. Er fährt am Steuer eines Luxuswagens (das Auto verbraucht mehr als zwanzig Liter auf hundert Kilometer) auf der Landstraße umher und gibt vor, liegengebliebene Autos zu reparieren. Tatsächlich spielt er den gewieften Mechaniker mit Kippe im Mundwinkel. Aber am ersten Abend kehrt er mit vier Ersatzreifen zurück, und als er seinen Gepäckraum öffnete, habe ich dort drei Autobatterien gesehen, blank wie gewichste Schuhe und ohne einen Sulfatflecken an den Klemmen.

Er kehrt von der Landstraße zurück, von der Straße des

Elends, auf der Frauen zu Fuß unterwegs sind und erschöpfte Kinder mit sich schleppen, und er sagt zu mir:

»Im Augenblick ist die Landstraße eine Goldgrube ...«

Wenn das ›sich Erbarmen‹ die Abschaffung des Sinns für Eigentum bedeutet, so erfolgt im gleichen Maß dessen unmittelbare Neuerschaffung. Am Vorabend hat die Soutreux von einem verlassenen Fahrrad Besitz ergriffen. Am nächsten Tag entdeckt sie, daß der Gepäckträger verschwunden ist. Sie ist empört und schreit: »Man hat mir meinen Gepäckträger gestohlen ...«

Auf einem Feld ist ein Lastwagen abgestellt worden, der das Personal einer Behörde oder einer Fabrik transportiert hat, ziemlich weit von der Landstraße entfernt. Der Fahrer hat diese nutzlose Vorsichtsmaßnahme in der Hoffnung getroffen, sein Lastwagen sei so vor Plünderern geschützt. Die Soutreux lädt uns dazu ein, diesen Lastwagen »anzusehen«. Völlig unschuldig befiehlt sie ihrem Hausmädchen, eine Schubkarre mitzunehmen. Wir sind nicht die ersten Erforscher. Im Gras ist ein erbärmlicher Flohmarkt ausgebreitet. Es ist übersät mit Archivkitteln und Verwaltungspapieren. Und drei Schreibmaschinen funkeln in den Strahlen der untergehenden Sonne. Die Büromaschinen, das Schwarz des Metalls und das Weiß der Tasten haben auf der Wiese einen lächerlichen Glanz. Madame Soutreux ist von einer Art Überschwang erfaßt. »Diese Maschinen sind gut und gern zwei- bis dreitausend Francs wert«, sagt sie. Sie beugt sich hinunter, das Hausmädchen kommt mit der Schubkarre heran. Aber da erscheint am anderen Ende der Wiese eine Bäuerin, die ihre Kühe treibt, und schreit uns, ohne daß man ihr irgend etwas antworten könnte, zu: »Verschwinden Sie... Verdammte Diebe... Und zwar schnellstens... Das hier ist mein Gelände...«

Die Soutreux läuft mit ihrem Hausmädchen, das die Schubkarre schiebt, voran. Wir folgen. Man könnte meinen: ein Begräbnis.

Möge sich mein Leser hier nicht einer allzu tugendhaften Empörung hingeben, möge er nicht von den Höhen der reinen Moral urteilen. Ich möchte ein gerechtes Bild von dieser Frau zeichnen und keinen Zug fälschen. Man darf hier nicht urteilen, wie man auf dem Boulevard de la Madeleine in Friedenszeiten urteilen würde. Zu der Zeit, als die Mediziner die Kleptomanie entdeckt hatten, forderten sie Nachsicht für die nervenschwachen Frauen, die in den Kaufhäusern stahlen: Sie waren, so sagten die Ärzte, von der Anhäufung der Kleider und des Schmucks zum Diebstahl verführt worden, ihres Willens beraubt und in diesen Palästen von tausendundeinem Schmuckstück hypnotisiert worden. Hier ist alles auf der Landstraße, auf den Wegen, auf den Wiesen ausgebreitet. Alles hat einen Anflug von Fundstück, von etwas Dargebotenem, was die Deutschen dagelassen haben und was die ersten plündernden Flüchtlinge dagelassen haben, alles, von der Konservendose bis zur Schreibmaschine, bis zum Abendkleid und zum Motorrad. Die Flüchtlinge entdecken und nehmen, was sie finden, so wie die Gestrandeten auf einer verlassenen Insel keine Skrupel haben, sich des Strandguts zu bemächtigen.

Aber diese Entschuldigung scheint mir für die Soutreux

nicht zu gelten. Der Leser wird darüber entscheiden. Die Deutschen haben in Les Douciers etwa fünfzig Fahrräder gelassen, die sie in den Departements Seine-et-Marne und Seine-et-Oise gestohlen oder geplündert hatten (wie man will). Die Soutreux mobilisiert uns, Aufresne und mich. Sie bittet uns, die Fahrräder oben auf ihren Speicher zu räumen. »Ich werde sie den Leuten im Dorf geben, wenn sie wieder zurück sind...« Diese patriotische Menschenfreundlichkeit kann nur eine Lüge sein. Im Umkreis von einem Kilometer gibt es, wenn überhaupt, nur fünf oder sechs vereinzelte Bauernhöfe. Die Soutreux hätte eine glaubhaftere Ausrede finden können, an die sie aber nicht gedacht hat: All die Fahrräder haben eine individuelle Plakette, einen Namen, eine Adresse. Sie hätte sagen können: »Ich werde die Leute benachrichtigen... So werden sie ihre Räder nach dem Krieg wiederfinden.«

Ich gestehe, daß wir, Aufresne und ich, die Komplizen dieses kollektiven Erbarmens gewesen sind, dieser Bildung eines Lagers. Ich habe aus Laschheit gehorcht, aus Gefügigkeit gegenüber dem Feudalherrn, dem Eigentümer des Landes, in dem ich Zuflucht gesucht hatte, aus falscher Höflichkeit. Und außerdem habe ich mir in dem Augenblick die Manie des Anhäufens und die Habgier unserer Gastgeberin nicht vorstellen können. Dieses Beiseiteschaffen von Fahrrädern hat keine große Bedeutung, wird man sagen. Man wird später sehen, daß ich darüber nicht einfach hinweggehen konnte.

Es ist vierzehn Tage her, daß wir Paris verlassen haben. Wir leben in einem Gefängnis, das mit Mauern der Ungewißheit umgeben ist. Wir haben kein Benzin, wir wissen nichts über die allgemeine Lage und die Verkehrsmöglichkeiten. Wir bekommen keinerlei Nachrichten.

Mein Sohn hat Paris einige Stunden vor uns verlassen. Er ist fünfzehn und ist mit dem Auto aufgebrochen, mit zwei Freunden, der jüngere vierzehn und der älteste noch nicht achtzehn. Mehr als einen Monat (und Tausende haben ähnliche Sorgen) werden wir nichts von ihnen erfahren. Sind sie liegengeblieben? Sind sie erschossen worden? Tatsächlich hat man sie die Landstraße nach Fontainebleau nehmen lassen, und sie sind noch am selben Abend ohne Schwierigkeiten angekommen. Aber wir wußten es nicht.

Ich habe den Kofferraum meines Wagens geöffnet. Ich nehme eine alte Jacke meines Sohnes heraus. Das reicht, damit sich die starre Beklommenheit, die seinen Platz eingenommen hat, rührt und sich belebt. Ein Kleidungsstück behält die Form eines Wesens, eine Form ohne Stütze oder Anhaltspunkte, eine in gewisser Weise immaterielle Form. Diese Anwesenheit, dieses Doppel ist bisweilen unerträglich. Denn diese Form ohne Fleisch, die unsere Sinne zugleich zügelt und ihnen entgeht, wird nicht einmal durch den Tod zerstört, sie ist kein Beweis für das Leben.

In Dampierre, dem Dorf, das drei Kilometer von Les Douciers entfernt liegt, findet man jetzt Brot. Die Soutreux und die Lerouchon kehren mit Aussagen deutscher Soldaten zurück: »Mit Frankeich ist jetzt Schluß, aber nicht mit England… Das hat ein Soldat gesagt.« Jeder dieser Soldaten ist für sie Träger einer Gewißheit, die nicht überprüft werden muß. »Das hat ein Soldat gesagt.«

»Seit heute morgen, fünf Uhr, ist der Waffenstillstand unterzeichnet…«, berichtet die Soutreux. Die Lerouchon fügt hinzu: »Der Waffenstillstand ist unterzeichnet, aber in den Vogesen wird noch gekämpft.« Sie sagen das, als ob sie die Eröffnung der Jagdsaison ankündigten. Ab dem Augenblick, in dem sie die Geschütze nicht mehr hören, fühlen sie ihr Geschick nicht mehr mit dem Ereignis verbunden. Ich frage: »Wer hat Ihnen das gesagt?…« Sie antworten mir: »Eine Frau auf der Landstraße.« Die Lerouchon trägt mir meine Frage nicht nach. Aber die Soutreux verzeiht sie mir nicht. »Ja… eine Frau auf der Landstraße… Ich wiederhole, was sie mir gesagt hat…« Sie hat einen recht komplizierten Gedankengang, der sie vage begreifen läßt, daß diese unbekannte Frau nicht unbedingt genau das Gesicht der historischen Wahrheit trägt. Aber ihre eigene Wahrheit entspringt dem Augenblick, und mein Zweifel bringt sie ganz offensichtlich aus der Fassung.

»Die Neuigkeiten schlüpfen ihnen aus dem Mund, man weiß gar nicht, woher das kommt«, sagt mir der alte Gärtner. Aber seine Weisheit verwandelt sich bald schon in unzusammenhängendes Zeug. In Dampierre hat man einige Wagen französischer Flüchtlinge gesehen, die Richtung Paris fuhren; sie haben eine weiße Fahne auf ihrem Auto gehißt. Er sagt: »Das ist ein Zeichen dafür, daß die Franzosen und die Deutschen gleich sind.« Ich kann keine andere Erklärung von ihm bekommen, und er erzählt mir lang und breit von »einem Franzosen aus Gien, der Offizier bei den Boches« sei.

Das Hausmädchen der Soutreux kündigt den Frieden

für den 21. des Monats an. »Das stand auf einem Papier, das seine Schwiegermutter gesehen hat...«

Das Gerücht geht um, daß man sich in der besetzten Zone frei bewegen, sich aber nicht von der freien Zone in die besetzte Zone begeben könne. Es scheint also, als sei unsere Bewegungsfreiheit umso größer, je weiter die Besetzung fortschreite. Ein grausamer Gedanke, wenn man so will. Aber bei den jetzigen Zuständen!

Wir warten. Unsere Gedanken schwanken vom Ereignis zu unserem persönlichen Schicksal. Sie schweifen zu den Anhöhen und kehren wieder zu uns zurück. Ohne daß ich etwas dafür könnte, entfaltet sich ein historisches Panorama vor mir. Der französische Mann von 1914 hoffte, der von 1920 hoffte. Und dieser Zusammenbruch: Ich kann mir noch nicht vorstellen, daß integre Moralisten in ein paar Wochen die Niederlage der Landflucht, dem Wunsch nach Bequemlichkeit, der Verachtung für die Arbeit zuschieben werden. Mir scheint, daß Frankreich – in der einfachsten Bedeutung des Wortes – aufgehört hat zu denken. Von Hitler oder Stalin hypnotisiert, hat Frankreich aufgehört, für sich selbst zu denken. Wenn ein Volk noch nicht denkt oder nicht mehr denkt, dann denkt ein Hitler oder ein Stalin an seiner Stelle. Werden Europa und Frankreich mit dem Einverständnis jener Sorte Franzosen, die sich einem Patriotismus der Zeitungen verschrieben haben und die Frankreich keinerlei Gesicht verleihen außer dem ihrer gleichgültigen Ruhe, von dem Paar Hitler-Stalin verschlungen?

Frankreich hat immer fremde geistige Nahrung verarbeitet. Aus dieser Verarbeitung besteht seine ganze

Geschichte, mindestens seit dem 16. Jahrhundert. Aber seit 1930 befindet sich ein Teil Frankreichs, teils bewundernd, teils erschrocken, im Zustand der Hypnose vor dem mißhandelten Europa.

Madame Aufresne, die neulich abend weinte, weil zwei Französinnen vor den Deutschen die Würde des Besiegten vergaßen, spricht heute mit mir über den Kommunismus. Die Angst vor dem Kommunismus läßt sie ganz außer sich geraten. Aber sie hat nur Angst vor einem Wort. Was sie vom Kommunismus weiß, hat sie aus den Zeitungen. Sie weiß nicht, daß Stalin ihn getötet hat. Und ich frage mich, ob ihr Haß auf den weit entfernten Stalin nicht dem des nahen Hitler gleichkommt.

Das Elend, in dem wir uns befinden, zerstört für einen Augenblick meinen Egoismus.

Was ist wahr? Der Krieg, die Politik, der Mensch, Gott? Vielleicht existiert Gott, aber er ist viel weiter entfernt als die Religionen ihn gestellt haben. So, wie er uns präsentiert wird, ist er eine einfache Lösung; gut für den Frieden, gut für den Krieg, gut für die Heiligen und die Verbrecher gegen das allgemeine Recht. Er erinnert mich an jene Allzweckwerkzeuge, die von den Mechanikern verachtet werden, die Zange, Beißzange, Hammer und Schraubenzieher in einem sind.

Im Augenblick habe ich nur die Kultur der Streichhölzer verloren. Man findet keine Streichhölzer mehr... Das stört mich nicht. Ich habe ein Feuerzeug. Kindisches Wesen des Menschen! Ich hänge an diesem Feuerzeug und nicht an einem anderen. Ich hänge aus sentimentalen Gründen daran. Ich bin ein Mann mit Feuerzeug. Ich bin ein armes Wesen, das an seine Gewohnheiten, seine Manien gefesselt ist, gefesselt an meine Pfeife, gefesselt an mein Feuerzeug. Mein Feuerzeug ist nicht nur das Urfeuer, das Feuer des Wilden. Es ist ein Feuerzeug unter tausend anderen, ein Amulett, ein Fetisch. Verlöre ich es, so verlöre ich mit ihm meine ganze Vergangenheit.

Ich werde nicht mit meiner Frau nach Ozouer gehen, um Brot zu holen. Dank des Bürgermeisters, eines alten Mannes, und einer jungen Bäckerin hat das Dorf Brot. Aber ich habe nicht mehr die Kraft, die Geschichte zu suchen, den Widerhall der Geschichte in einem Weiler. Ich warte darauf, daß die Geschichte zu mir kommt. Ich streife um die Wagen und den Brunnen im Hof.

Ich erfinde Schlachten, Kriegslisten. Man läßt die Deutschen bis zur Loire vorrücken. Auf dem anderen Ufer warten unsere Geschütze auf sie. Hinter den Deutschen rücken unsere Truppen vor. Sie geraten zwischen zwei Feuerlinien. Sie versuchen, in Richtung ihrer Flanken zu entkommen. Aber unsere Flugzeuge streichen über ihre Linien hin, die sich zwischen unserer Vorhut auf dem rechten und unserer Artillerie auf dem linken Ufer ausdehnen. Unsere Flugzeuge sind wie Pflüge, die eine Furche ziehen. Leichen fallen auf Leichen, mit derselben Bewegung wie die Erde, die von der Pflugschar umgebrochen wird. Flehende Arme heben sich zum Himmel. Es wird gemäht. Und ebensowenig wie ein Schnitter, der einmal die Sense geschwungen hat, eine Ähre auslassen kann, ebensowenig können unsere Flieger die Flehenden verschonen.

Ich mache die Geschichte neu. Der besiegte Hitler wird von einer Schar stämmiger Artilleristen bewacht, die wir vor Lorris getroffen haben und die an der Loire kämpfen sollten. Den Karabiner am Schulterriemen, bewachen sie den Mann im Gabardinemantel, eine Ratte in der Falle, eine Ratte, die sich nicht umdrehen kann. Ein entnervter Pariser ruft ihm zu: »Na, Alterchen, es geht wohl nicht ganz, wie du's möchtest?…« Aber die anderen halten ihn auf Abstand und bleiben ungerührt: eine Menschenmauer, die das Tier umschließt.

Ausgestreckt auf dem Stroh, ohne anderen Horizont als den Putz der Wand, schließe ich die Augen vor der Welt wie ein krankes Tier und überlasse mich einem stumpfsinnigen Wiederkäuen, das das Leichte und Gleitende des Traumes hat. Was wir die Geschichte nennen – sollte es die nichtigste Illusion der Menschen sein? Was wir der Geschichte, den Kriegen wie den Mächten der Friedenszeit zugestehen – sollte es das Zeichen unserer eigenen Unzulänglichkeit sein? Wir bringen Geschichte hervor, wie ein Kranker eine Krankheit hervorbringt. Wir sind für die Geschichte verantwortlich, wie die Geisteskranken für die Errichtung der Irrenhäuser verantwortlich sind.

Vielleicht hat jener Oswald Spengler recht, den Lucien Febvre mit gutem Grund zusammen mit dem Grafen Keyserling den Journalisten der Philosophie zugeordnet hat und der aus der Geschichte eine Art Sache an sich macht. Sie allein ist wirklich, und die Menschen sind nur wesenlose Erscheinungen. Die Geschichte ist das Schachbrett Gottes. Die Deutschen spielen und gewinnen.

Aber nein… die Nationen existieren nur durch ihre Charakterzüge aus der Komischen Oper, durch ihr Pittoreskes, ihre Legende oder ihre Bücher: das Italien der Maler, das Spanien der Tänze, das Frankreich Descartes'.

Sind die Charakterzüge einer Nation wirklich, oder sind sie von Historikern fabriziert, das heißt von Journalisten der Geschichte, die nicht mehr taugten als die anderen?

Es wird immer Kriege geben, sagen diejenigen, die in Redensarten denken. Aber was für ein Stumpfsinn, sich vorzustellen, daß der Krieg immer das letzte Hilfsmittel der Geschichte oder der Menschen sein wird!

Ich habe das Weimar der Zeit vor 1914 gekannt. Weimar, die »Hauptstadt und Residenz«. Das heißt, daß diese Stadt – als Hauptstadt des Großherzogtums von Sachsen-Weimar-Eisenach – die Ehre hatte, die Residenz des Großherzogs zu sein. Graf Kessler lädt mich dahin ein. Man sprach dort nur von *Kultur* und von *Bildung*. Im *Goethe-Archiv* studierten Greise oder junge Leute, die man für Greise hielt, Goethes Grammatik und seine Philosophie. Das *Nietzsche-Archiv* war ein Wallfahrtsort. Nietzsches Schwester, Frau Förster-Nietzsche, war die Tempelhüterin. Ich habe dort Professor Andler kennengelernt, gewandte Wiener, Norweger, die wie Pfarrer aussahen, und Schwedinnen, die nur Kleider von Poiret* trugen.

Der Großherzog hatte »moderne« Vorstellungen. Auf Anraten von Graf Kessler hatte er Henri van de Velde berufen, der Brüssel verließ, die neo-impressionistische

---

* Paul Poiret – frz. Modeschöpfer (1879-1944), der die Damenmode vom traditionellen Korsett befreite.

Malerei aufgab und sich im Großherzogtum Sachsen-Weimar-Eisenach der Wiederbelebung der Architektur und der angewandten Künste widmete. »Wir kleiden uns nicht mehr wie zur Zeit Voltaires oder Friedrichs des Großen. Wir wollen nicht in der Vergangenheit wohnen wie ein Eremit. Unsere Häuser und unsere Möbel sollen die unsrigen sein.« Deutscher Gehorsam: Er entwarf Nagelköpfe, und die sächsischen Industriellen übernahmen seine Muster.

Kessler und seine Freunde logen nicht. Nietzsche war für sie nicht der Erwecker eines größeren Deutschland, sondern ein neuer Lehrmeister des Ich, eines dionysischen Ich, wie es sich versteht, eines aristokratischen und mit Bildung übersättigten Ich. Renoir, Cézanne, Monet, Seurat, van Gogh waren ihre Kennworte. Nach dem Bilde der Vergangenheit stellten sie eine Art Hof dar, wo die Künstler mit den Großen der Erde zusammenkamen.

Hatten sie den Hintergedanken, die Welt zu beherrschen? Glaubten sie bereits an die historische Notwendigkeit eines Krieges, den sie nicht herbeiwünschten? Ich wüßte darauf nicht zu antworten. Aber selbst wenn sie glaubten, daß allein Deutschland Ordnung in die Welt bringen könne, so war diese Ordnung für sie nur eine Ordnung von äußeren Regeln, von Hygiene und von Straßennetz. Frankreich war für sie Griechenland. Aber sie sahen, im Grunde recht naiv, in Frankreich nur seine klassischen Schriftsteller und seine Maler seit Watteau. Sie träumten von einer Welt, in der Kenntnis der Künste und Eleganz der Lebensformen die einzigen Werte wären. In Wirklichkeit erträumten sie sie nicht völlig. Sie hatten sie teilweise geschaffen. Aber für sich allein. Ein künstliches Eiland.

Ich erinnere mich an den Park, an seine Bäume wie auf einem romantischen Stich, an den Dichter Richard Dehmel und an Herrn von Mutzenbecher, den Intendanten des Theaters im Großherzogtum Baden.

Ich träume. Mein Traum hebt die Jahre auf. Herr von Mutzenbecher erscheint mir – nicht in Jacke oder schwarzem Anzug, wie ich gewohnt war, ihn zu sehen, sondern in der Uniform eines deutschen Offiziers. Ich drehe mich im Stroh um. Herr von Mutzenbecher grüßt mich. Ich sehe wohl, daß er sich über meine Zurückhaltung wundert. Dieses Volk hat keine Einbildungskraft oder Geschmack. Ein ungehobelter Klotz wie die anderen. Denkt er, daß ich ihm um den Hals falle?

»Weimar«, sage ich zu ihm, »Weimar und Nietzsche und Ihre abgöttische Verehrung der französischen Malerei war alles nur fünfte Kolonne.« – »Nein…«, erwidert er, »der deutsche Adel hat Hitler nie gemocht…« – »Aber er dient ihm…« – »Nein… er dient Deutschland. Selbst wenn Deutschland sich irrt, selbst wenn Deutschland verbrecherisch ist – sollen wir es verraten? Wir leben nicht mehr in der Zeit, als die Generäle Verrat begingen, ohne die Ehre zu verlieren. Erkennen Sie darin eine Auswirkung unserer Demokratie. So mußten wir, die Offiziere, unseren Truppen folgen. Die Geschichte verläuft verkehrt herum…«

Und er bricht in schallendes Gelächter aus, ein merkwürdiges Lachen, ein metaphysisches Lachen.

»Es ist eine verkehrte Welt… wie ein umgestülpter

Handschuh. Aber unsere Begegnung ist der Funke, der Funke, der die Welt auf die richtige Seite zurückbringt... Schauen Sie...«

Und tatsächlich sehe ich, wie die deutschen Soldaten sich sammeln, im Gleichschritt zum Rhein marschieren, nach Hause zurückkehren.

Ich habe die Loire noch nicht gesehen. Die Loire war für mich bislang nur ein strategischer Mythos. Vom Hof aus sieht man niedrigen Wald, Wiesen. Nichts bindet mich an diese formlose und platte Landschaft, die dem Zufall bereit steht und wo allein der Zufall mich hingeführt hat. Und ich spüre sehr gut, daß man mir diese zwei Meter Hof und das Stroh, über das ich für die Nacht verfüge, nicht ohne eine gewisse Reserviertheit zugesteht. Als ich mich für die Last entschuldigte, die ich ihr verursachen könnte, hat die Soutreux mir geantwortet: »Aber nein... Sie können gut ein oder zwei Tage hier bleiben.« Ich ersehne mir andere Landschaften, alte Wohnsitze, ich kann mich nicht von ihnen lösen; ich möchte sie mit einem Flügelschlag erreichen, mit Hilfe eines Wunders. Dort habe ich Stücke meines Lebens gelassen. So etwa in dem Haus des Cousins Nicot, das über der Saône liegt. Wie gut fügt sich dort alles zusammen: Der Fluß, das alte Gitter, der ehrwürdige Garten, der Empfang und die Gastfreundschaft, der zehn Jahre alte Chardonnay, voll und rund wie eine Haselnuß, der Paravent von 1840, der mich sofort in den Zustand eines Märchens versetzt. Haus in Saint-Amour, Haus in Le Villars, ich habe an euch gedacht, wie man an eine Frucht denkt und das Wasser fließt einem im Munde zusammen.

Ich möchte am liebsten fliehen, irgendwohin fliehen, an irgendeinen beliebigen Ort, an dem ich den Preis der Matratzen, der facettierten Spiegel und der Arbeitsstunden der Gärtner nicht wüßte. Ich erhoffe mir Trost, indem ich drei Rosen vor einem Hintergrund von Akazien betrachte. Es ist das Vergnügen einer Sekunde. Es ist der Effekt einer alten Gewohnheit. Der Mensch ist nicht nur Auge. Es sind die Rosen des Krieges, die Rosen des Zusammenbruchs, die Rosen der Soutreux.

Zwei deutsche Flugzeuge fliegen über uns hinweg, fast im Tiefflug. Selbst vom Himmel aus werden wir überwacht.

Das Gerücht geht um, die Italiener seien in Nizza. Ich wußte nicht, daß Nizza in diesem Maße mir gehört. Ich wußte nicht, daß ich Besitzer von Nizza bin... Ich wußte von all meinen Besitzerinstinkten nichts. Man hat mir gerade Nizza entrissen. Der alte Monsieur kommt mit einem hoffnungslosen und wütenden Ausdruck zu mir:

»Ich hatte mich eines Topfs Johannisbeermarmelade erbarmt... Die Deutschen haben ihn weggenommen.«

★

Aufresne putzt und wienert seinen nicht mehr fahrbereiten Wagen, an dem ein Pleuellager ausgelaufen ist. Er schneidet eine Hecke. Er weiß, wie man ein Kaninchen tötet und ihm das Fell abzieht wie einen Handschuh. Er harkt den Hof. Nicht nur, um sich nützlich zu machen und um der Soutreux den Hof zu machen. Dieser Chef gewordene ehemalige Abteilungsleiter ist ein Bauer und Bastler geblieben. So wie der Müßiggang mich über den Verdruß tröstet, befreit ihn das Tätigsein davon.

Er hat über die Worte des Quäker-Apothekers nachgedacht. »Der Mann hat recht«, sagt er mir. »England wird uns retten… England beherrscht die Meere, Deutschland wird gegen die von England organisierte Blockade nichts ausrichten können.«

So überträgt er die Lehre des mystischen Apothekers von der Vorsehung auf die Ebene der Wirtschaft. Man hat ihm Frankreich genommen, aber er verfügt über die englische Flotte und wirft sie auf die Meere.

Ich spotte nicht. Diese sentimentale Reaktion erscheint mir nicht lächerlich. Aber ich kann nicht mit der Beherrschung der Meere jonglieren.

Zwischen den Aufresnes und uns haben sich Bande geknüpft, weil sie wie wir mit Verlegenheit die Gastfreundschaft der Soutreux erleiden, ihre Wechselbäder von Liebenswürdigkeit und feindlichem Schweigen, weil sie die Erbärmlichkeit des falschen Nationalismus in Anwesenheit der Sieger spüren, weil sie wie wir über den unzüchtigen Empfang beschämt waren, den sie den deutschen Soldaten bereitet hat.

Welch ein Ort, was für Umstände, um Freundschaft zu schließen! Aber die schönen Freundschaften entstehen nicht aus dem Zufall, und sei es auch ein sehr pathetischer. Sie bereiten sich vor der ersten Begegnung durch unabhängige Entwicklungen vor. Der Schock der Begegnung trägt daran nicht viel Schuld.

Ich habe Mühe, eine Unterhaltung mit Aufresne zu führen. Diese Art Bourgeois kann nur noch von Geschäften reden. Ich sage nicht, daß er seine Seele verloren habe; er hat keine Sprache mehr, um sie auszudrücken.

Der Vater von Corot verkaufte Tuche. Aber es gab noch keine Autos, und die Probleme, die ihm die Politik bereitete, waren noch keine weltumfassenden Probleme. Und zur Zeit des Vaters von Corot hatten die Zeitungen noch einen handwerklichen Charakter: Sie produzierten die Nachrichten und die Lehren noch nicht in Serie. Zwischen den Artikeln des *Constitutionnel* und den Artikeln einer Zeitung von heute ist ein Unterschied wie zwischen Chassepot-Gewehr und Maschinenpistole.

Aufresne hat mehr Vorstellungen im Kopf als ein Bauer, aber er versteht es sehr viel weniger gut als ein Bauer, eine Idee abzuwägen und in ihr das, was ihm klar vor Augen ist, von dem zu unterscheiden, was seiner Kenntnis fern liegt.

Man hat mir einmal gesagt: »Der holländische Bauer ist dem belgischen Bauern überlegen, weil er mindestens ein Buch gelesen hat: die Bibel.« Die Nachkommen des Vaters von Corot im Frankreich des Jahres 1940 haben kein einziges Buch gelesen, ich meine ein wirkliches Buch. Sie haben nur Zeitungen und Illustrierte gelesen. Sie denken nur in Unterschriften auf Photographien. Das wird offensichtlich, sobald sie auf Probleme mit einer gewissen Tragweite zu sprechen kommen, ganz besonders, wenn diese politischer Natur sind. Tief in sich spüren sie, daß alles über ihren Horizont geht, und sie gestehen es sich nicht ein.

Also strengen sie sich an, den vagen Ideen, den Gefühlen, mit denen sie genährt wurden, eine Gestalt zu geben. Sie personalisieren sie, bewegen Frankreich oder England wie Marionetten hin und her, gestikulieren, schreien; man könnte meinen, daß alle Muskeln ihres Körpers arbeiteten, daß eine heilige Wut sie belebte oder irgendeine Verzweiflung: Sie wollen mit dem Nichts eine Wahrheit schaffen. Wenn ich meine Zeitgenossen von Politik reden höre, denke ich häufig an jene Schwachsinnige aus der Salpêtrière, die glaubte, daß die Welt außerhalb ihrer Schöpfung, die sie Minute für Minute selbst vornahm, überhaupt nicht existiere. Und sie nannte die chaotischen Elemente, die sie zusammenfügte, um die Welt zu erschaffen, »behauste« Körper, um »der Geschicklichkeit der Götter aufzuhelfen«. So fügen unsere Zeitgenossen vergeblich die »behausten« Körper der Politik zusammen.

So erregt sich Aufresne, der ruhigste Mann der Welt, vor der Geschichte. Er fürchtet die Arbeiter von Belleville und Billancourt. Werden sie sich nicht erheben, wenn sie an der Arbeit sind? Und wer wird sie bezwingen?

»Wir müssen abwarten«, sagt er mir. »Es ist besser, nicht vor Ablauf einiger Tage nach Paris zurückzukehren... bevor die Versorgung nicht wiederhergestellt ist. Man kann uns nicht verhungern lassen...«

Ich erinnere mich, daß er unter dem »man« die französische Regierung verstand. Wir glaubten, daß der Aufenthalt der Deutschen in Paris nicht länger als ein paar Tage dauern könne.

An der Kreuzung des Fußwegs mit der Landstraße nach

Gien ruhten sich zwei Frauen und zwei Kinder aus. Sie kamen aus der Umgebung von Paris und schoben einen mit einem Überseekoffer und zwei Koffern beladenen Karren vor sich her. Ihre Kleider waren reinlich und gut ausgebürstet, die Gesichter sauber gewaschen und frisch. Als ich das bewunderte, antwortete mir eine der Frauen lächelnd: »Aber das ist doch ganz natürlich... Stroh und Wasser gibt es überall...«

★

Als die Deutschen in Les Douciers kampierten, hielt die Lerouchon vor ihrem Wohnwagen Salon. Ein paar Soldaten schaukelten in Klappsesseln. Schallendes Gelächter drang bis zu uns.

Hinter dem Haus haben wir eine Konservendose geöffnet (wir haben in Ozouer etwas Brot erhalten, und die Soutreux hat uns Suppe gebracht). Von ihrem Wohnwagen aus bietet uns die Lerouchon drei Stücke Kaninchen an. »Ich schwöre, ich tue das von Herzen gern...« Meine Frau dankt, lehnt ab, beteuert, daß wir ausreichend zu essen hätten. Ich gestehe: Ich bewundere diese Würde und trauere dem Kaninchen nach. Irgend etwas von einem Soldaten hat sich in mir wiedergebildet. Ich glaube, daß ich akzeptiert hätte. Denn seit mehreren Tagen habe ich Hunger, den ich heldenhaft verberge. Und die Lerouchon macht ganz den Eindruck eines Soldatenmädchens, das einen Liter Wein anbietet. Ganz und gar Soldatenmädchen, so daß sie nicht mehr zwischen französischen und deutschen Soldaten unterscheidet. Es ist ein Eindruck. Ich glaube nicht, daß ihr Mann, der an der Front ist, ihr irgend etwas anderes vorwerfen könnte. Sie redet übrigens liebend gerne von ihm: »Hoffentlich ist ihm nichts zugestoßen... Aber nein... ich bin sicher... Ich fühle es...« Sie wiederholt mehrfach: »Ich fühle es... ich fühle es...« Und man könnte meinen, sie spürte es mit der Nase: Sie wirft eine Schnauze nach vorn, die grimassiert und schnüffelt.

Sie hat in ihrem Wohnwagen ein Radiogerät mit Batterien. Wir hören die deutsche Sendung, aus Compiègne. Reichskanzler Hitler... Der Waggon... Das Denkmal von 1918... Kein Kommentar. Es ist schlicht und schrecklich. Es ist Nacht, und eine Kuh brüllt auf der Wiese.

Das *Radio-Journal de France* berichtet, ein flüchtiger Präfekt sei seines Amtes enthoben worden und an der Vogesenfront und in der Nähe von Clermont-Ferrand werde gekämpft.

Ich scheine nicht fröhlich auszusehen. Denn die Lerouchon bricht in schallendes Gelächter aus und heult mir in die Ohren:

»So lachen Sie doch ein bißchen...«

Sie beruhigt uns übrigens über das Schicksal Frankreichs:

»Es wird ein Protektorat, wie Marokko ... Wir werden nicht unglücklicher sein, wir werden arbeiten wie vorher...«

Die Lerouchon ist ein simples Ungeheuer. Die Soutreux ist komplizierter. Sie ist nicht plebejisch, sondern

»kleine Dame« mit »Manieren«, Gehabe und Geziertheit. Die Lerouchon zappelt herum, die Soutreux windet sich eher. Ich suche nicht nach dem Ursprung für den Vormarsch des Germanischen, den die beiden Frauen im Departement Loiret dargestellt haben. Ich will nur die Soutreux so beschreiben, wie sie mir Tag für Tag erschienen ist, nett oder elendiglich, abscheulich oder lächerlich, einem zivilisierten Tier ähnelnd, dem Hund oder der Katze näher als dem Menschen. Aber von der Lerouchon darin verschieden, daß sie ihre Gefühle nicht durch einfaches Gezeter äußert, sondern daß sie über einige Reiser, einige Späne von Ideen verfügt. Sie berichtet uns von einem Gespräch zwischen zwei Deutschen. Einer sagte zum anderen, er glaube an einen Gott, aber nicht an den Gott der Religionen. Die Lerouchon wäre unfähig, diese hohen Abstraktionen zu behalten und wiederzugeben.

Ihr Mann – diese Details habe ich von Aufresne – ist von sehr einfacher Herkunft. Als Industrieller hat er Millionen von Waren auf Lager. Er ist ein schweigsamer Mann, an dessen großer Ausgeglichenheit und Integrität aber kein Zweifel besteht. Ich kann mir diesen Industriellen recht gut vorstellen, der nicht zum Typ der Gemäldesammler gehört, dem die Inszenierungen von Jouvet* völlig gleichgültig sind, der, obwohl er nun zum Bourgeois geworden ist, darunter leidet, die Gepflogenheiten der großen Welt nicht zu kennen, und der nur am Jagen und Angeln von Samstag bis Montag Vergnügen findet.

* Louis Jouvet – bedeutender Schauspieler und Regisseur (1887-1951), der vor allem das frz. Theater der Zwischenkriegszeit prägte.

Kennt er die Gefühle seiner Frau, und weiß er, wie sie sich verhält? Man kann vermuten, daß er die Ansicht der Frauen und ganz besonders die der seinen verachtet. Die Soutreux hat uns selbst gesagt, daß ihr Mann ganze Tage bei ihr verbringe, ohne mit ihr zu sprechen. Aber die einfachste Vorsicht oder die mindeste Schicklichkeit hätte ihn bewogen, seine Frau zu zwingen, sich nicht auf so skandalöse Weise deutsch zu zeigen.

Dieser Gefallen an Deutschland hält sie zusammen. Davon abgesehen ist sie die Hundemutter. Sie wird von einer Gruppe bellender Tiere begleitet, und dieses Gebell erscheint ihr köstlich. Diese Tiere schlafen auf ihrem Bett. Ich gestehe, an der Nummer mit dem Foxterrier nur mäßig Geschmack zu finden. Sie beugt sich zärtlich zu ihm und murmelt ihm freundlich zu: »Wo ist er denn, der kleine Meister?« Und der Fox jault sofort los, als ob er den Mond anheulte, und läßt sich nie bitten. Sie versäumt es nicht, das Kaninchen zu bemitleiden, das sie am nächsten Tag essen wird, und sie hat für das Tier ein »armes kleines Tierchen« von anrührender Zärtlichkeit übrig. Sie ist zärtlich mit den streunenden Hunden, und Gott weiß, wie viele herrenlose Hunde herumlaufen. Aber sie murrt, wenn man für den Brei des Babys ihre Gasflasche oder das Holz ihres Herdes nutzt. Um den Brei zu kochen, machen die Aufresnes ein Feuer auf der Wiese.

Sie ist kindisch wie eine alte Jungfer von fünfzig, und wenn sie Würde an den Tag zu legen glaubt, dann ist es die einer stellvertretenden Chefin auf Urlaub.

Sie ist ein etwas zigeunerhafter Typ, nicht häßlich, aber

sie hat zu dicke Glieder. Es heißt, sie sei in Mitteleuropa geboren und habe Verwandte in Wien. Aber sie spricht französisch ohne ausländischen Akzent. Und ich sehe da übrigens auch keine Erklärung. Eine Ausländerin, die mit einem Franzosen verheiratet ist, würde wenigstens aus Vorsicht schweigen, wenn schon nicht aus natürlichem Schamgefühl.

Ihre sprachlichen Fehler sind außerdem nicht die einer Ausländerin. Sie gibt den Wörtern eine ungenaue Bedeutung, wie jene Menschen, die eine Sprache nie vollständig besitzen werden, und sei es die eigene. Als sie ihre Bewunderung für einen Politiker bekunden will, dem sie eine große Kenntnis der Gepflogenheiten fremder Länder zuschreibt, sagt sie: »Er ist sehr kosmopolitisch.« Aber sie verfügt über das, was Sprachlehrer Vokabular nennen. Sie strebt nach Gesprächen und erzählt mir verächtlich von den Leuten, die nicht gebildet sind. Vielleicht habe ich nur ein einziges Mal seit vierzehn Tagen das Bedürfnis gehabt zu lachen, und das war, als ich den Satz aus ihrem Munde gehört habe.

»Ein deutscher Oberst hat mich um ein privates Gespräch gebeten…«, erzählt sie uns mit einem Anflug von Stolz. »Er hat mir gesagt, Frankreich habe zu sehr die Bequemlichkeit geliebt, aber es werde sich wieder erheben. Er hat mir gesagt, daß er eigenhändig zwölf gefangene Senegalesen getötet hätte, für ihn waren sie weniger als Hunde…«

Sie macht eine Pause und fährt in fast vertraulichem Ton fort: »Er wollte sich über den französischen Geisteszustand erkundigen…«

Sie sehen die Romanepisode oder die Theaterszene: Die Französin spielt ihre ganze Raffinesse aus, verwirrt den Barbaren und bringt ihn völlig aus der Fassung. Aber die Soutreux hat nicht einmal eine Theatertradition.

Wir haben uns oft gefragt, ob die Lerouchon und die Soutreux nicht zur »fünften Kolonne« gehörten. Das ist mir immer unwahrscheinlich erschienen. Man entwirft keinen Verräter, der nicht in dem Land, das er verrät, vollkommene Loyalität zur Schau stellen würde. Die Schamlosigkeit und die Frechheit der Lerouchon und der Soutreux machten mich sprachlos. Sie waren für mich unerklärlich. Außerdem scheint eine so offene, grobschlächtige Propaganda zugunsten des Feindes nicht den geringsten Nutzen zu haben. Heute glaube ich, daß diese verbale Begeisterung für die Ordnung, und sei es die Ordnung Hitlers, die einen Teil des besiegten Frankreichs überkommen hatte, diese dicken Seelen infiziert hatte.

Als die Deutschen Les Douciers verlassen hatten und sich ihr nächstliegendes Lager drei Kilometer entfernt im Dorf Dampierre befand, bog einer ihrer Lastwagen vom Weg ab und kam auf den Hof. Die Soutreux eilte nach vorne, wo der Fahrer und ein Unteroffizier saßen. Es begann ein Gespräch, das ich nicht verstand. Es war offensichtlich, daß der Unteroffizier nicht auf Befehl herkam, sondern daß er ihr einen Besuch abstattete. Er zeigte riesige, sehr weiße Zähne. Die Soutreux strahlte, lächelte und war glücklich. Aber nichts erlaubt mir zu glauben, daß ihr Glück einen anderen Grund hatte als auf deutsch mit einem Deutschen von Deutschland zu sprechen.

Aber das folgende ist verdächtig. Zwei Pferdekarren hielten vor dem Haus: Bauern, die auf die Nachricht vom deutschen Vormarsch geflohen waren, aber die Loire bei Gien nicht hatten überqueren können, waren umgekehrt, um nach Hause zurückzukehren.

»Ich habe Ihnen doch gesagt, Sie sollten nicht fliehen...«, schrie ihnen die Soutreux zu, »die Deutschen würden Ihnen nichts tun... aber sie würden diejenigen, die nicht sofort zurückkommen, nicht wieder in ihre Häuser lassen...«

Der Waffenstillstand war nicht unterzeichnet. Wir hatten nur die Nachrichten, die von Mund zu Mund liefen oder spontan aus der Zeitstimmung heraus entstehen. Daß die Soutreux mehrere Tage vor Ankunft der Deutschen behauptet hatte, sie würden niemandem etwas tun, das läßt sich erklären: durch das Ausmaß, mit dem man eine Gruppe, ein Volk liebt; sie liebt sie, ihre Ankunft ist für sie ein Segen. Die sichere Gewißheit des deutschen Sieges, ihres Vorrückens bis zur Loire, auch das läßt sich erklären: Sie hält sie für unbesiegbar. Aber wie konnte sie vorhersehen, daß die Deutschen zwischen den verlassenen Bauernhöfen und jenen unterscheiden würden, die die Bauern nicht aufgegeben hatten? Sie täuschte sich nur in einem Punkt. Die Deutschen haben in dieser Region tatsächlich nur die verlassenen Häuser geplündert und haben sich der Rückkehr der geflohenen Bauern nicht entgegengestellt. Aber das hieße urteilen wie ein Untersuchungsrichter.

In Dampierre begegnet die Soutreux einer Frau, von der ich nichts weiß, außer daß die Leute der Gegend tuscheln, sie sei von der »fünften Kolonne«. Sie spricht deutsch mit ihr, mit großer Zungenfertigkeit, wie im Rausch, mit Angeberei. Was daraus schließen? Außer daß ich mich während des anderen Krieges über die Uniformen der Spione lustig gemacht habe. Ich glaube in Wahrheit, daß die Soutreux Deutschland mit geradezu exhibitionistischer Leidenschaft liebt.

Man schreibt den Mädchen ein sentimentales Erbarmen mit dem Soldaten zu. Ich glaube, daß die Lerouchon die französischen Soldaten ebenso herzlich aufgenommen hätte wie die deutschen Soldaten. Bei der Soutreux war das nicht so. Das folgende beweist es:

Auf dem Weg vor dem Haus einer jener Karren, die nie einen Prototyp gekannt haben, der Karren eines Bastlers, der Karren, der sich – vor dem Exodus – auf der Landstraße geschämt hätte. Daneben ruhen sich drei junge Männer aus, wischen sich die Stirn. Es sind drei französische Soldaten der 46. oder 47. Division. Gefangene der Deutschen, die geflohen sind. Zwei von ihnen waren zweimal geschnappt worden und waren zweimal geflohen. Sie bilden eine Gruppe, haben ihr Schicksal miteinander verbunden. Einer von ihnen stammt aus dem Departement Nièvre, die beiden anderen aus dem Jura. Man hat ihnen Zivilkleidung gegeben, sie haben sich all ihrer Papiere entledigt. Sie richten sich nach der Sonne und der Karte, vermeiden die großen Straßen und nehmen kleine Wege. Sie haben an der Somme gekämpft. Die Moral der Truppe war gut. Sie hätten standgehalten, wenn sie französische Flugzeuge gesehen hätten und wenn man ihnen Munition gegeben hätte: »Da haben wir verstanden...«, sagten sie. »Der Ratschlag lautete, rette sich wer kann...«

Sie sind wie die anderen in Richtung Süden aufgebrochen. Sie haben einen Motorradfahrer getroffen, der ihnen sagte: »Seien Sie unbesorgt... die sind 27 Kilometer hinter Ihnen...« Der Motorradfahrer, der perfekt französisch sprach, brauste vor ihnen weg. Eine halbe Stunde später stießen sie auf deutsche Soldaten, die ihnen die Straße versperrten.

Einer von ihnen ist Eisenbahner, der andere Landwirt, der dritte Käsehändler in Lons-le-Saulnier. Sie sind von der Müdigkeit nicht angegriffen, sie haben bereits hundert Kilometer hinter sich. Hundert Kilometer noch, bis der Eisenbahner zu Hause ist. Die anderen beiden müssen noch dreihundert Kilometer marschieren.

Man muß sagen, wie es ist. Die Soutreux bringt den drei französischen Soldaten eine Flasche Wein. Aber ich schätze die Großzügigkeit des Geschenks gering ein, weil ich mich an den Champagner erinnere, den sie den Deutschen angeboten hat. Nicht daß ich die zu Champagner verarbeiteten Weine vorzöge – oh nein! Aber ich kenne die Hierarchie der Weine, wie sie die Soutreux aufstellen kann.

Als erfahrene Wanderer mischen die drei Soldaten sehr viel Wasser aus dem Brunnen in ihren Wein. Sie wollten wieder aufbrechen, ihren Karren schiebend, der ein paar Vorräte und drei Gepäcksäcke enthielt. Sie wollten wieder aufbrechen, und wir dachten an die fünfzig Fahrräder, die die Soutreux auf ihrem Speicher abgestellt hatte. Wir dachten daran, aber sie nicht. Ich werfe mir noch heute vor, nicht befehlend und schonungslos gewesen zu sein. Ich war feige. Und es war meine Frau, die eine diskrete Anspielung auf das Fahrradlager machte, die die Soutreux nicht verstehen wollte. Das war zuviel. Wir haben den drei Soldaten ein Zeichen gegeben und gingen drei Fahrräder holen. Die Soldaten schnallten die Riemen ihrer Säcke fest, schwangen sich auf die Räder und verschwanden.

Ich weiß nicht, was aus den Soldaten geworden ist, aber die Soutreux schwor uns einen erbarmungslosen Haß.

Ich nehme ein Bad in der Loire, ein armseliges Bad. Es ist eher ein Einseifen und ein Abspülen. Ich kehre über die Wiesen nach Les Douciers zurück. Ich höre einen Ruf. Und ich sehe, wie am Ufer des Flusses – wie eine Gottheit, die dem Wasser entsteigt – ein Senegalschütze auftaucht.

Er hatte sich in den Wäldern versteckt, oder eher in den Baumgrüppchen. Welche Hilfe kann ich ihm bieten? Die Soutreux nähme ihn nicht auf. Und wenn ich auch nicht das Recht habe, sie einer anderen Verbindung zu den Deutschen anzuklagen als der Sympathie, so halte ich sie doch für fähig, ihnen den Schwarzen auszuliefern, um sich wichtig zu machen und ihre Freundlichkeit zu zeigen. Ich kann nicht einmal daran denken, ihm zivile Kleidung zu verschaffen: Er ist schwarz.

Seine Statur, seine Gangart sind von einer Eleganz, die die Weißen kaum besitzen, die Eleganz der Rehe und der Gazellen. Es ist ein bißchen lächerlich und klingt nach Gemeinplatz: Ich denke an den Vers, in dem die Göttin sich durch ihren Gang verrät. Welch treuherziger Charme in dem unschuldigen Lächeln! Er lächelt, als er mit mir redet; er lächelt im Angesicht der Bedrohung durch Gefangenschaft oder Tod, so als ob seine Augen mit der Landschaft spielten, mit mir spielten, als ob es trotz des Krieges Charme in der Welt gäbe, der ihn dazu brächte zu lächeln. Ich erinnere mich jener Senegalesen, die Lucie Cousturier mir in Fréjus vorgestellt hatte, und jenes Amadou Lo, der ihr einen Brief schrieb, der mit den Worten endete: »Ich sage allem, was im Haus und im Garten ist, guten Tag.« Ich denke auch an den deutschen Oberst, von dem die Soutreux beteuerte, daß er sie zu Dutzenden getötet habe.

Was kann ich für ihn tun? Ich rate ihm, nicht bis zum Hof Les Douciers zurückzukehren; ich sage ihm, daß die Deutschen in Dampierre sind, und rate ihm, sich in dem Waldstück versteckt zu halten. Mitten in der Loire ist eins, das man über eine Furt erreichen kann. Wenn er es drei oder vier Tage aushalten kann, dann, vermute ich, hat er Chancen, nicht erschossen zu werden. Tatsächlich redet man in der Gegend nur von Waffenstillstand und nahem Frieden. Und außerdem verwechselt man häufig die beiden Begriffe. Bald erfahre ich, daß der Waffenstillstand vier Uhr morgens unterzeichnet worden sei, bald wird er es am nächsten Tag. Aber mein Senegalese muß etwas zu essen haben. Er zieht seinen Brotbeutel hervor und zeigt mir vier Dosen Büchsenfleisch.

Ich frage ihn, wie er vor den Deutschen geflohen sei. Die Geschichte, die er mir erzählt, ist so erstaunlich und so reich an Hoffnung (ein einziger Gerechter reicht aus…), daß ich sie mir nochmals erzählen lasse, damit ich sie durch Fragen und Vergleiche überprüfe.

Er irrte in den Wäldern umher. Er sieht einen Deutschen, der an einem Baum lehnt. Der Deutsche macht ihm ein Zeichen, näher zu kommen. »Ich habe geglaubt, er würde mich umbringen...« Der Deutsche hat ihm vier Dosen Büchsenfleisch gegeben und ihm gesagt: »Verschwinde und schlag' dich durch...«

Er kramt erneut in seinem Brotbeutel und hält mir ein Päckchen Zigaretten hin. Das war keineswegs, um sich meiner Gunst zu versichern. Ich hatte ihm die Hand geschüttelt, wir wollten uns trennen. Es war das herrliche Geschenk, wie in den Zeiten der Legenden.

Der Waffenstillstand, der Frieden... »Zwischen Waffenstillstand und Frieden muß man gut acht Tage rechnen, vielleicht zwei Wochen. Die Landstraßen sind frei... aber nur in Richtung Paris... Die Deutschen wollen, daß alle nach Paris zurückkehren...« Man hört die Glocken von Dampierre läuten, das ist der Waffenstillstand, andere Glocken, das ist der Frieden... »Die Besetzung kann nicht lange dauern... Aber sie werden eine enorme Summe verlangen...«

Ich weiß, daß die Straße bis Gien frei ist, mehr weiß ich nicht. Untätig irre ich im Hof der Soutreux umher. Wir suchen ein anderes Haus, ein Zimmer, eine Scheune. Aber die Bauernhöfe sind weit entfernt, liegen weit auseinander und – ich weiß nicht durch welches Geheimnis – in diesem flachen Land versteckter als irgendwo sonst. Die Soutreux lädt uns indessen ein, noch ein paar Tage bei ihr zu bleiben. Sie bietet uns eine Matratze an, eine schöne Matratze, sagt sie. Und sie bittet uns an ihren Tisch. Ich setze mich sehr gern an einen Tisch. Es ist der Luxus hoher Kultur, dessen Gewohnheit ich verloren hatte. Aber diese Mahlzeiten sind doch mühsam. Das vorsichtige Schweigen der Aufresnes und das unsrige erzeugen eine recht drückende Atmosphäre.

Der alte Monsieur ist mit seinem Sohn nach Paris zurückgekehrt. Aber vor seiner Abfahrt hat er uns gesagt, die Soutreux habe ihm anvertraut, daß die Aufresnes recht taktlos seien, sich so bei ihr einzurichten. Das ist eine diskrete Art, uns spüren zu lassen, daß wir selbst... Er schien mir nicht ganz zufrieden über unsere Anwesenheit. Zweifellos fürchtete er uns als Konkurrenten beim ›Erbarmen‹. Er wiederholte es nachdrücklich, und die Soutreux gab uns zurückhaltend zu verstehen, daß die Schwierigkeiten des Verkehrs auf den Landstraßen stark übertrieben würden. Wenn man sie hörte, hätte man meinen können, man führe dort wie auf einer Rennstrecke. Es waren gebutterte Landstraßen, auf denen die französischen Gemeindeverwaltungen und die deutschen *Kommandanturen* miteinander wetteiferten, wer das meiste Brot und das meiste Benzin verteilte.

Das Schlimmste ist, daß die Soutreux hierin keineswegs schrecklich ist. Sie kann nur die ganz natürlichen Gefühle, die eine etwas geformtere Seele zurückweist oder verwandelt, schlecht unterdrücken. Wenn ich Unbekannte in meinem eigenen Haus unterbringen müßte, wo ich die Einsamkeit suche, wo ich mir nur die Anwesenheit erprobter Freunde wünsche – das weiß ich sehr gut –, dann empfände ich nicht sofort unbezwingbare Freude. Ich gehorche nicht mit automatischer Begeisterung den Regeln der antiken Gastfreundschaft oder der franziskanischen Tradition. Aber das geringste menschliche Aufblitzen bei dem unbekannten Gast ließe mich vergessen, daß ich in meinem Refugium gestört wurde. Und wir erleben keine gewöhnlichen Zeiten. Für uns wird Geschichte in Serie hergestellt. Dafür hat die Soutreux ebensowenig ein Gefühl wie die Lerouchon. Die Geschichte geht über sie wie über Tiere hinweg. Wir sind Gestrandete. Die Soutreux sieht in uns nur lästige Besucher.

Wäre das Haus der Soutreux eines jener alten Anwesen, wo die Dinge die Ausstrahlung von Reliquien hätten, verstünde man, daß sie darunter litte, Fremde dort hineinzulassen. Aber sie bringt uns alle in leeren Zimmern unter, in denen der nackte Verputz noch frisch ist. Und das Erstaunlichste ist, daß sie bei der Beherbergung der Aufresnes und uns ein edles Opfer zu bringen scheint, daß sie aber eine Mannschaft von Deutschen, die sie beherbergt und die ihr Haus in eine Kaserne verwandelt haben, empfängt wie die Patriarchen der Bibel den Gast empfingen. Und diese sorgfältige Hausfrau betrachtet die leeren Konservendosen, die sie in ihrem Garten verstreut haben, nicht einmal mit schlechter Laune.

All das führt uns zu würdelosen Gedanken, an die ich hier doch erinnern muß. Die Umstände sind so beschaffen, daß uns sogar das Betteln kaum erniedrigend erschiene. Aber die Aufresnes wollen der Soutreux ebenso wenig wie wir mehr verdanken als den Raum ihres Hofes und ihrer leeren Zimmer. Wir wollen nichts von ihrem Brot. Das Brot holen wir in Dampierre. Zwei oder drei Kilometer von Les Douciers entfernt sind einzelne Bauernhöfe wieder von ihren Besitzern bewohnt, die die Loire nicht haben überqueren können. Dort kaufen wir Hühner und Eier, die uns und der Soutreux als Nahrung dienen.

So erforschen wir das Land. Wir kommen an einem baufälligen Haus vorbei, auf dessen Schwelle eine alte Frau, gestützt auf einen Stock, unbeweglich steht; nur ihr Kopf bewegt sich, er zittert. Wir haben nicht erfahren können, ob das Haus ihr gehört oder nicht. Sie antwortet uns nichts anderes als »Ich bin gelaufen… ich bin gelaufen…«

In dem ersten Bauernhof, den wir erreichen, haben sich die Leute gerade wieder eingerichtet. Sie sind mit einem sehr aufgeregten großen Burschen zurückgekommen, von dem ich nur zwei Merkmale wahrgenommen habe: Er kommt aus Paris, und seine Unterarme sind stark tätowiert. Ich weiß nicht mehr, ob er ein Verwandter von ihnen ist oder ein unbekannter Flüchtling. Ich gebe seine Äußerungen nur wieder, weil sie die vollständige Resignation ausdrücken, die bei einem Teil der Franzosen auf die Panik folgte, weil man in ihnen diesen schockartigen Umschwung von der Empfindung der Angst zur Illusion der Sicherheit entdeckt. Sie fürchteten, daß die Deutschen beim Durchmarsch alle umbringen. Sie sind heil davongekommen. Sie haben »Uff« gemacht, und sie wissen nicht einmal mehr, ob sie verzweifelt oder zufrieden sind. Dieser Mann erzählt keineswegs einfach seinen Exodus, sein

118

persönliches Abenteuer. In seinen Worten liegt Erstaunen und Wut: »In Ozouer sind wir auf Deutsche gestoßen… Sie haben uns ein Zimmer gegeben.« (Er fügt nicht hinzu, daß das Dorf so gut wie leer war und die Deutschen dort nicht sehr zahlreich waren.) »Sie haben uns ein Zimmer gegeben, und sie haben uns zu essen gegeben, mittags und abends… Die Franzosen haben so etwas nicht getan.«

Wir gehen bis zu einem anderen Hof. Die Bauern hatten ihn verlassen und waren vor dem Aufbruch der Deutschen zurückgekehrt, die auf bestialische Weise geplündert hatten. Aber die Frau konnte ihr Pferd retten, das sie mitnehmen wollten.

»Sie haben uns die Hemden meines Mannes genommen, unsere Kleider…«, erzählt sie uns. »Als wir zurückgekommen sind, habe ich eine Ente geschlachtet und sie gebraten. Als sie gar war, hat ein Deutscher sie genommen und sie ganz allein vor meinen Augen gegessen…

Es war ein Offizier, der in meinem Zimmer schlief. Sehen Sie, was sie getan haben… Sie haben die Schraubhaken im Stall herausgerissen… (sie zeigt mir die Wand des Zimmers) und sie dort befestigt… um die Uniform des Offiziers aufzuhängen…«

In einer anderen Ecke des Zimmers ist die geblümte Papiertapete zerrissen. Das ist nicht viel. Aber es gibt einen Besitz, der nur dem Herzen gehört. Diese Bäuerin ist darüber untröstlich und leidet unter dem zerrissenen Papier ebenso wie unter dem von einer Granate durchschlagenen Dach ihres Stalls.

Wir stoßen auf die Soutreux, wie sie melancholisch

ihren Gasherd betrachtet. »Ich hätte genug Gas für mich allein«, sagt sie. »Aber mein Vorrat ist nicht unerschöpflich... Wenn ich das Gas für so viele Leute verbrauche, werde ich bald keines mehr haben... Was tue ich also?...«

Sie spricht nicht mit uns, sie spricht nicht mit den Aufresnes. Sie scheint unsere Anwesenheit nicht zu bemerken, sie scheint den Herd anzurufen.

Wir beratschlagen mit den Aufresnes. Die Lerouchon willigt ein, mir ein paar Liter Benzin zu überlassen. Damit kann ich etwa 50 Kilometer fahren. Aufresne, ich habe es bereits gesagt, ist durch ein ausgelaufenes Pleuellager gelähmt. Er möchte, daß ich ihn abschleppe. Er soll wissen, daß ich es gern täte, daß meine Kupplung es aber nicht erlaubt.

Wo Zuflucht suchen? Welche Straßen sind frei und in welcher Richtung? Wir haben Freunde im Departement Yonne. Aber sind sie nicht geflohen? Wir beschließen, nach Chapelon zu fahren: Wir werden bei Abel Delaveau um Asyl bitten. Auch wenn die Soutreux uns durch bedeutungsschwangere Anspielungen die Last ihrer beschränkten Gastfreundschaft nicht hätte spüren lassen, könnten wir nicht mehr bleiben: Die abstoßende Atmosphäre in Les Douciers, der menschliche Gestank, den man dort einatmet, geht uns auf die Nerven; wir ertragen die verkniffene Hysterie der Soutreux und die vorstädtische Hysterie der Lerouchon nicht mehr. Der Bauernhof von Abel Delaveau erscheint uns in unserem Schiffbruch als die glückliche Insel. Aber ist Abel Delaveau wieder zurückgekehrt? Sitzt er mit seinen Pferdewagen nicht vor oder hinter Gien fest?

Wer kann es wissen? Aber wir zögern nicht länger. Wir wollen unser Glück versuchen. Es ist zu spät, heute abend zu fahren. Morgen früh werden wir aufbrechen.

Ich kündige der Soutreux meinen Entschluß an. Ihr Gesicht ist zugleich säuerlich und weinerlich. Ich kenne ihren Grund zur Klage: Sie verzeiht uns die drei Fahrräder nicht, die sie nicht zu verweigern gewagt hat, die aber jetzt in ihrem Lager fehlen. Ich beschuldige sie überhaupt nicht, Interesse daran zu haben, ich glaube, ihre Faszination besteht darin, den Handelswert der Dinge zu taxieren, und sie ist von einer uneigennützigen Manie des Sammelns, des Aufhäufens besessen. Sie verzeiht uns auch unsere höflichen Sarkasmen nicht. Sie hat ein weniger dickes Fell als die Lerouchon. Gewohnt, über ihr Hausmädchen und über eine Welt zu herrschen, die zweifellos von ihren Spiegeln zu viertausend Francs beeindruckt war, hat sie unseren Widerstand, unseren Abscheu gespürt. Ihr Unbehagen kann sie nicht ergründen. Wie die Verrückten, deren Wahn nur eine konsequente Rechtfertigung ihrer Angst ist, sucht sie dessen Ursache. Sie findet absurde, kindische Ursachen, die sie aber nicht zwingen, sich selbst zu verachten.

»Monsieur«, sagt sie zu mir, »ich weiß wirklich nicht, ob ich Sie noch einladen kann, sich an meinen Tisch zu setzen. Ihre Frau hat mich gestern schwer beleidigt… Sie hat das Huhn tranchiert… Und wem hat sie als erstem den Teller hingereicht?… Wem hat sie als erstem gegeben?… Mir?… Nein, Monsieur… Bin ich die Hausherrin oder nicht?… Bietet man den Teller nicht zunächst derjenigen an, die man ehrt?…«

Ich würde mich am liebsten beim Leser dafür entschuldigen, diese Worte wiederzugeben. Aber ich schreibe keinen Roman und wähle mir meine Figuren nicht aus. Außerdem hatte die Dummheit dieser Frau durch den Kontrast in diesen Stunden etwas Pathetisches. Und diese Frau, deren Gegenwart wir in normalen Zeiten sofort vergessen hätten, war unsere Gastgeberin gewesen, und in unserem Elend waren wir in einem Schwung vorauseilender Dankbarkeit zu ihr gekommen.

Daß sie diesen Grund zur Klage erfand oder daß sie an ihn glaubte, bezeugte eine Art Eitelkeit oder besser Empfindlichkeit, die ich immer nur bei den Mädchen der untersten Kategorie festgestellt habe und auch dort nur, wenn es für sie keinen Ausweg gab.

Außerdem streiche ich nur die zwei oder drei Einwürfe, mit denen ich ohne großen Elan, mit der Unbewegtheit eines praktizierenden Arztes, versucht habe, ihren Monolog zu bremsen. Ich gebe ihre Worte wieder, ohne irgend etwas zu ändern, so wie ein Irrenarzt die Aussagen eines Kranken aufnimmt.

Die Soutreux äußerte nun einen realeren Grund zur Klage:

»Man nennt mich eine Boche… Das ist mir egal… Und ich weiß sehr gut, daß Ihnen das mißfiel, wenn ich deutsch geredet habe… Vielleicht Neid…«

Dann betet sie einen Rosenkranz mit der ewig gleichen Litanei von der braven Frau herunter.

»Ich bin eine einfache Frau, Monsieur… Aber ohne Ihre Mittel zu kennen, habe ich vielleicht mehr als Sie. Ich weiß nicht, welche Bildung Ihre Frau genossen hat, aber ich habe vielleicht mehr erhalten… Die Geisteshaltung Ihrer Frau ist nicht die meine… Und trotzdem gibt es Leute, die hierhergekommen sind und die mit Tränen in den Augen wieder abgefahren sind. Ich bedaure… Monsieur… Ich hätte gerne mit Ihnen über Ihre Literatur gesprochen… Aber ich mache bei mir, was ich will, und die Hauptsache ist, daß ich mich mit meinem Mann gut vertrage…«

Dieser Text erscheint mir aufschlußreich, ich werde ihn nicht kommentieren…

Verzeihen Sie mir, Saint-Ex, verzeihen Sie mir, Tonio. Sie würden so ärmliche Dinge nicht erzählen. Sie würden sie verschweigen oder sie verbrennen. Sie erschaffen Kristall. Aber ich kann nicht fliegen. In diesem Augenblick berühre ich die niedrigsten Orte. Ich erhoffe nicht viel – weder von mir noch von der Welt. Ich bin alt, wenn Sie nicht da sind. Wo sind Sie? Ich weiß nicht einmal, ob Sie am Leben sind. Ich träume manchmal, daß Ihr Flugzeug getroffen worden ist, daß es in einer Katastrophe von Metallschrott und Feuer abgestürzt ist. Ich schleppe mich mit meinem alten Handwerk herum. Ich erzähle von den Niederungen, ich erzähle in dieser Unermeßlichkeit des Krieges Geschichten von Insekten.

Wir wurden also an jenem Abend in einer Ecke des Hofes wieder zu Zigeunern und Landfahrern. Die Aufresnes brachten uns Suppe. Meine Frau wollte sie nicht anrühren, obwohl es die Suppe von unserem Huhn war. Aber Madame Aufresne beharrte so freundlich darauf, daß uns die Meinung, die die Soutreux von uns haben könnte, völlig egal war. ›Was soll die Suppe für eine Bedeutung haben?‹ werden diejenigen fragen, die nicht Nomaden auf den Landstraßen des Zusammenbruchs gewesen sind. In Wirklichkeit bewiesen die Aufresnes hier, daß sie Würde und Mut besaßen. Ihr Schicksal hing von der Soutreux ab. Ein wenig Feigheit… sie hätten sich von uns abgewandt. Sie haben es nicht getan. Und als sie mit der Soutreux zu abend gegessen hatten, kamen sie noch für einen Moment, um sich mit uns zu unterhalten.

CHAPELON UNTER DER KNUTE

Wir fahren Richtung Chapelon. Wir begegnen auf der Landstraße nur ein paar Autos mit deutschen Offizieren. Es sind französische Fabrikate, und die Deutschen haben sie dunkelgrau lackiert. Wir sehen wieder die verendeten Pferde, die Pferde der Schlachtengemälde. Aber ihre Bäuche sind aufgequollen, und sie verbreiten Gestank.

Wir kommen wieder an den Orten vorbei, an denen wir Zeugen einer Schlacht im kleinen wurden, wo französische Artilleristen sich ergaben, wo andere versuchten, unter Feuer einen Munitionswagen aus dem Graben wieder auf die Straße zu ziehen, wo ein Artilleriepferd auf den Kotflügel unseres Autos stürzte. Diese Landschaft ist aufgedunsen von Schlacht, Lärm, Gewalt und Gefahr. Alles kam dort zusammen: die behelmten Deutschen, die französischen Artilleristen, deren Gruppen sich aufgelöst hatten, verängstigte Zivilisten, sich aufbäumende Pferde, auf der Seite, auf dem Rücken liegende Pferde. Die Landschaft und die Schlacht, überwölbt von etwas Himmel, waren wie durch einen Rahmen abgeschnitten. Unsere Erinnerungen finden ihren Platz nicht an diesem leeren Ort, wo ein paar zerquetschte Autos in den Graben gefegt zu sein scheinen und an nichts anderes erinnern als an einen Unfall, einen Zusammenstoß. Die Landstraße, die Wiesen, die Wälder, das Haus sind nur noch rein topographisch. Ein Bauernhof etwas abseits der Landstraße, eine flache Ebene, das ist alles.

»Das Gegenteil der Kindheitserinnerungen«, sagt meine Frau. »Die wiedergefundenen Gärten, die man für riesig hielt, erscheinen winzig. Hier ist alles leer und viel weiträumiger als man glaubte.«

Wie werden wir den Bauernhof von Abel Delaveau vorfinden? Unbeschädigt? Geplündert? Ist er wieder zurückgekommen? Wie traurig wäre es, wenn ich den Bauernhof verlassen oder Abel Delaveau in seinem leeren Haus, in seinem Stall ohne Kühe, in seinem Pferdestall ohne Pferde wiederfände.

Alles ist in Ordnung! Abel Delaveau hat mit seinen Wagen dieselbe Reise gemacht wie wir. Aber nach zwei Tagen Fahrt ist er umgekehrt.

Abel Delaveau, ich werde nichts über Ihren Empfang sagen. Vor vielen Jahre wäre ich einmal beinahe im Meer ertrunken. Als ich wieder Boden unter meinen Füßen spürte, war mir, als wäre mir das Leben neu geschenkt worden. Als ich Sie wiedersehe, habe ich dieselbe Gewißheit. Indem ich Sie wiederfinde, finde ich eine menschliche Eigenschaft, die mir unentbehrlich ist und derer ich seit jener Nacht beraubt war, als ich zur gleichen Zeit wie Sie Chapelon verlassen hatte. Ich bin befreit. Sorge, Trauer sind mir erlaubt, nicht mehr aber Verzweiflung. Man hätte meinen können, Sie erwarteten uns. Genauso wie es mir ganz natürlich erschien, zu kommen und Sie um Asyl zu bitten – Sie, den ich bislang kaum kannte. Es gab zwischen uns keinen überschwenglichen Gefühlsausbruch. Sie hielten es für selbstverständlich, und Ihre Frau hielt es für selbstverständlich. Sie waren einfach, wie ich es gerne wäre. Ich werde Sie vielleicht verletzen, ich weiß, Sie sind empfindlich, was den Bauern angeht. Sie haben etwas Bauernstolz. Nun, ich sage es Ihnen… Die in den Städten verbreitete Vorstellung, daß der Bauer immer von einer patriarchalischen Einfachheit sei, ist falsch. Vor allem kenne ich Bäuerinnen, die in ihrem Verhalten mehr Affektiertheit zeigen als die Frauen der Stadt. Die Einfacheit ist nicht das Privileg einer Klasse, und sei es die der Bauern. Ich war Ihr Gast, ich danke Ihnen nicht. Man bedankt sich für ein Geschenk oder sogar für eine Liebenswürdigkeit, aber nicht für eine brüderliche Gabe.

Ihre Frau führt uns in das Zimmer, in dem wir schon einmal ein paar Stunden geschlafen haben. Der Kaminsims ist mit einer Pendeluhr geschmückt, mit zwei Leuchtern und einer unter Glas gerahmten Photographie: Ihre Frau und Sie im Gehrock am Tag ihrer Hochzeit, Hand in Hand. Es ist nur eine Photographie, und sie ist überhaupt nicht modern, aber sie hat den Zauber eines alten Liedes.

Wir sind nicht mehr jene von einer Karawane losgelösten Reisenden, die sich noch in freiem Gebiet bewegte. Wir sind nicht mehr jene Gäste auf der Durchreise. Wir sind in gewisser Weise Gefangene. Wir haben überhaupt kein Benzin mehr, und wir wissen noch nicht, wie der Sieger über die Verkehrswege zu entscheiden beliebt.

Wegen der täglichen Arbeit auf dem Hof wären wir Madame Delaveau eine Last, wenn wir an ihrem Tisch äßen. Wir mieten uns bei Madame Rose ein, der Frau eines eingezogenen Straßenwärters; sie bewohnt mit ihrer Tochter und ihrem Sohn ein Haus hundert Meter von dem Hof entfernt. Als ich aus dem Fernen Osten zurückgekommen bin, habe ich Marseille und Frankreich ohne Erstaunen wiedergesehen. Aber als ich von Les Douciers nach Chapelon gekommen bin, hatte ich wirklich das Gefühl, eine Heimat wiederzufinden, ein so starkes Gefühl, daß Überraschung hinzukam. Ich weiß nicht, wie wir gelitten hätten, wenn wir Gefangene in Deutschland gewesen wären. Bei der Soutreux litten wir unter einer zweifelhaften Atmosphäre, wo man verdächtig war, wenn man das geringste Bedauern über die Niederlage bekundete. Wenn ich die mit Liebe zubereitete Suppe von Madame Rose esse, habe ich Lust zu schreien: »Ich bin in Frankreich...«

Später werde ich erfahren, daß Abel mit seinen Pferdekarren und seinen beiden Autos im Schlepptau aufgebrochen ist. Außer seiner Familie nahm er Madame Rose mit, ihre Tochter, einen alten Mann und dessen Frau, die zu Fuß unterwegs waren und sich die Straße entlangschleppten. Da in der Nähe von Lorris Flugzeuge aus der Luft feuerten, suchten sie in einem Graben Zuflucht. Ein alter Bauer blieb auf der Straße sitzen, die Beine im Graben. Er setzte sich den MG-Geschossen, den Bombensplittern aus. Er hatte das Ende der Verzweiflung erreicht. Abel drängt ihn, Schutz zu suchen. »Aber nein«, antwortet ihm der Alte, »es wäre besser, ich würde getroffen, dann wäre es vorbei.«

Abel sucht mit seiner Karawane Zuflucht in einem Wäldchen. Die Deutschen durchqueren das Wäldchen... Die Frauen machen sich Sorgen. Abel beruhigt sie: »Laßt mich in Ruhe... seht ihr nicht, daß das Engländer sind?...«

Die Deutschen haben Chapelon nur durchquert. Hier ein paar Ereignisse, von denen Madame Rose berichtete und die ich nicht überprüft habe. Soldaten sind in einen geräumten Bauernhof eingedrungen und haben alle Schubladen geleert. Sie haben Uhren und Schmuck mitgenommen. Anderswo haben sie eine Frau, die allein in ihrem Haus war, geohrfeigt und geschlagen und sie gezwungen, ihnen zu zeigen, wo sie ihr Geld versteckt hatte. Sie haben ihr dreitausend Francs weggenommen. Diese Frau oder eine andere hat sich bei einem Offizier beschwert, der ihr geantwortet hat: »Es ist Krieg... Kümmern Sie sich um unsere Toten?...« Nach der Unterzeichnung des Waffenstillstandes haben die Deutschen die ganze Nacht in Ladon gefeiert, und zwei Frauen des Städtchens, die zuvor »keine leichten Mädchen« gewesen waren, haben mit ihnen getanzt. Und das, obwohl sie eben in Ladon dreizehn französische Soldaten und acht Zivilisten erschossen hatten.

Wir hatten nur einen Tag ohne Deutsche. Am nächsten Tag waren sie im Dorf.

Es war nach dem Abendessen. Zwei Soldaten kamen herein. Sie sind auf der Suche nach Zimmern. Madame Rose sagt ihnen, daß ihr Haus klein sei und sie kein anderes

Bett habe als das ihre und das ihrer Kinder. Aber einer der Soldaten legt die Hand auf die Klinke der Verbindungstür zwischen der Küche und den Zimmern.

»Ich will sehen… *(Cheu feu foir)*«, sagt er.

Wir wußten, daß wir unter der Knute standen, aber in diesem Augenblick spürten wir es am eigenen Leib.

Sie haben das Haus besichtigt und sind wieder gegangen, ohne etwas zu sagen, ja, ohne uns anzusehen.

Ich brauche kein Wörterbuch, um den Unterschied zwischen Stärke und Macht zu definieren. Ich bin nur noch der Angehörige eines gefangenen Stammes.

Sie sind in unserer Nähe, uns gegenüber und rings um uns. Sie sind außerhalb des Hauses und im Haus, wo sie eintreten, wann immer es ihnen beliebt.

Die Bauern sind noch erstaunter als wir, sie jetzt fast nackt zu sehen, bis auf kurze Hosen, Badehosen oder gar knöchellange Unterhosen von früher. Wir waren viel im Kino, das uns mit jener kollektiven Nacktheit vertraut gemacht hat. So erneuern sich die Völker auf der Leinwand. Aber sie sind nicht nur für Gymnastik und Atemübungen nackt. Sie sind die ganze Zeit nackt; nackt, um zu essen, nackt, um ihre Gewehre zu reinigen, nackt, um zu rauchen. Sie schreien und sind nackt. Ich weiß übrigens, daß ich für den Klang nicht so empfänglich wäre, wenn ich ihre Sprache gut verstünde. Aber wenn sie reden, scheint es mir immer, als schrieen sie. Umso mehr als sie, wenn sie sich an uns wenden, noch lauter schreien, um sich besser verständlich zu machen.

Ein Soldat hat sich vor Madame Roses Haus, wenige

Meter von uns entfernt, auf dem Gras ausgestreckt. Er betreibt in der Sonne seine vollständige Nacktheitskur, bis in den Krieg pflegt er seinen Traum von Nacktheit und seine Beschaulichkeit der Nacktkultur. Er liegt auf dem Rücken und stellt sich vollständig zur Schau. Madame Rose nennt ihn einen Dreckskerl, einen Widerling. Aber er versteht die Worte nicht, er versteht nur, was sie sagen will.

Wir sehen ihn wieder, begleitet von einem breitschultrigen *Feldwebel*, der recht gut französisch spricht und den Feinsinnigen spielt.

»Es ist besser, daß Sie nicht verstanden haben, was er mir gesagt hat...«, sagt er uns.

Aber er zögert trotzdem nicht, uns einen ausführlichen Bericht ihres Gesprächs zu geben.

»In Frankreich ist die Moral niedriger als in Deutschland...«

Er beugt sich auf die Seite und führt seine Hand Richtung Boden, um uns genau zu demonstrieren, wie niedrig das moralische Niveau in Frankreich ist.

Ich glaube zunächst, daß er uns durch diesen Vergleich zweier Ethiken aus der Vogelperspektive, der Moral im Osten und der Moral im Westen, einfach demütigen wollte. In Wirklichkeit ist es differenzierter. Er spielt auf die nackten Frauen unserer Illustrierten an und vor allem auf jene obszönen Photographien, mit denen sich einige hervortun.

Ich wäre sehr versucht, ihm recht zu geben. Ich merke mir für später, daß er nicht die Moral in Frage gestellt hat, sondern nur einige Anzeichen einer verdeckten Pornographie, die in Frankreich erlaubt und in Deutschland verboten ist. Er unterstellt natürlich, aber darauf achte ich gar nicht, daß Deutschland tugendhaft ist und Frankreich ausschweifend.

Aber wenn die französischen Leser auf Gemeines oder einfach Häßliches empfindlich reagierten, hätten die auf pornographische Kunst spezialisierten Illustrierten keine Leser. Jedes Gesetz gegen Pornographie wäre unnötig. Das führt dazu, über Krieg und Politik im Allgemeinen nach-zudenken. In einer wirklichen Zivilisation würde die Po-litik sich nur mit Hygiene beschäftigen. Und der Krieg erschiene lächerlich. Ebensogut könnte man versuchen, mit Gewalt eine Diskussion über Biologie oder eine Aus-einandersetzung über die Poesie zu lösen.

Währenddessen spielt im Hof ein anderer Soldat, eben-falls nur in kurzen Hosen, mit dem Rad eines Fahrrads und einer Luftpumpe Reif. Er ist sicher über dreißig.

Er ist todernst. Er entschuldigt sich nicht mit dem klein-sten Lächeln. Er spielt ganz allein, mit einem grimmigen Ernst.

Während wir zu Mittag essen, hat sich der Mann mit dem Rad in einem Klappsessel ausgestreckt, den wir vor der Tür gelassen hatten. Er pfeift aus vollen Backen, ohne Unterbrechung, sehr lange. Er gibt sich ein Konzert. Er pfeift. Das stört ihn nicht.

Sind sie »schlecht erzogen« oder frech?

Freigebig verteilen sie Laibe von französischem Militär-brot (für das Vieh) und französisches Büchsenfleisch. Ihre Wagen sind voll davon. Sie verteilen auch algerischen

Tabak und Päckchen mit blauen Gauloises. Sie rauchen nur Zigarren oder ihre Strohzigaretten. Diese von Requirierungen oder Plünderungen stammenden Reste bieten sie, das muß man sagen, mit Einfachheit an, ohne Frechheit, ohne Angeberei.

Wir sind mit dem Abendessen fertig. Madame Rose zündet eine Petroleumlampe an (die Stromkabel sind zerschnitten), eine Lampe mit einem Onyx-Fuß von 1900. Ein Soldat tritt ein. Wir kennen ihn: Wir haben ihn häufig am Brunnen getroffen, und er hat dem Neffen von Madame Rose, einem dreijährigen Kind, Schokolade geschenkt. Er setzt sich in den einzigen Korbsessel. Er ist nicht in kurzen Hosen. Er hat eine lange Hose an und trägt Hosenträger über dem nackten Oberkörper. Er macht es sich im Sessel bequem und pfeift, ohne sich um uns zu kümmern. Ich fange an zu glauben, die Kunst des Pfeifens sei den Deutschen eigen. Er pfeift: Es ist schwierig, keine gewollte Frechheit zu vermuten. Aber nein … Er vertraut uns den Grund für sein Pfeifen an. Er pfeift, weil er von unerschütterlicher guter Laune ist: *»Ich bin immer lustig…«*

Er bittet Madame R… um Erlaubnis, einen Brief an ihrem Tisch schreiben zu dürfen.

»Meine liebe kleine…«

»Beeilen Sie sich, sie bald wiederzusehen«, schreit ihn Madame Rose an. Aber er versteht kein Wort Französisch.

Er schreibt mit großem Eifer; er füllt die vier Seiten des gefalteten Blattes. Als er fertig ist, bleibt er vor dem Tisch sitzen. Man könnte meinen, er fühle sich zu Hause. Und ich schwöre, daß es in diesem Augenblick an dem Mann nichts gibt, was böse genannt werden könnte. Aber er bleibt. Man muß ihm klarmachen, daß wir schlafen gehen wollen. Ich habe nie einen Deutschen gesehen, der sich irgendwo »überflüssig« vorgekommen wäre.

Am nächsten Tag fährt er im Lastwagen nach Paris. Am Abend kehrt er vollgestopft mit Enthüllungsmeldungen zurück: »In acht oder zehn Tagen wird Frieden geschlossen... London ist weitgehend zerstört...« Ich frage mich, ob er spürt, daß diese Nachrichten für uns nicht von großem Reiz sind... Im Grunde glaube ich nicht daran. Ich muß hinzufügen, daß ich in diesen ersten Julitagen – außer den Frauen von Les Douciers – keinem einzigen Franzosen begegnet bin, der die Vorstellung eines ausschließlich von Hitler diktierten Friedens mit Befriedigung hingenommen hätte. Wir hatten nur Nachrichten aus ein paar deutschen Zeitungen, die uns die Soldaten gaben, aus einer Ausgabe des *Matin* und von *Paris-Soir*, die wir aus Ladon mitgebracht hatten und die ganz offensichtlich von der *Kommandantur* diktiert worden waren. Ich werde nichts über die Nachrichten sagen, die aus der Stimmung der Zeit entstanden sind. So hatte man uns sogar noch vor dem Waffenstillstand versichert, daß die Verfassung von 1875 außer Kraft gesetzt und durch eine Diktatur ersetzt sei. Die falschen Nachrichten können eine warnende Kraft ausüben, mindestens ebenso wie die Träume.

Die Nachrichten, die die deutschen Soldaten uns überbringen, stimmen in erstaunlichem Maße überein. Und nicht nur die Nachrichten, sondern auch die Kommentare und Empfindungen jener Soldaten. Der Zweifel scheint nicht gerade eine deutsche Tugend zu sein. Es stimmt, wenn irgendein Deutscher zweifelte, dann schwiege er. Man sagt, daß Nachrichten sich verändern, je nachdem, wer sie weitergibt. Das gilt nicht für jene deutschen Infanteristen. Was ihnen im Tagesbefehl gesagt worden ist, was sie in ihren Zeitungen lesen, was sie aus ihrem Radio hören, wird auf identische Weise wiederholt, ohne eine Veränderung, wie ein täglicher Katechismus, wie eine Routinebewegung beim Hantieren mit der Waffe. Nie erfährt man ihre Absicht. Wollen sie uns erniedrigen? Oder wollen sie, daß wir an ihrer Siegerfreude teilhaben? Oder daß wir mit ihnen in einem Traum germanischer Befriedung aufgehen? Oder wollen sie, daß wir uns mit ihnen über das Ende des Krieges freuen? Sie sind Sieger, und sie werden nach Hause zurückkehren. Zumindest sind sie nicht mehr in Todesgefahr. Vielleicht stellen sie sich nicht vor, daß ihre Freude nicht die unsere ist. Der glückliche Mensch erträgt die Sorgen der anderen nicht, er ignoriert sie, und es scheint ihm, als ob seine Freude sich auf das Universum übertrüge.

Einer nähert sich uns auf der Landstraße, um uns zu fragen, wo er Schokolade finden könne. Die Lastwagen der Feldküchen sind voll mit Schokolade. Soll er sich mit einem Koch gut stellen! Er soll nicht damit rechnen, im Kolonialwarenladen von Chapelon oder in einem der Kolonialwarenläden von Ladon Schokolade zu finden. Er ist ein kleiner, braunhaariger Mann, der sehr sanft aussieht, ein klein wenig verdutzt, ein recht seltener Typ unter diesen Soldaten. Man könnte meinen, er läuft mit einem Schokoladentraum durch den Krieg.

Er zeigt uns einen Taschenatlas und in dem Atlas die Gebiete, die von deutschen und italienischen Truppen besetzt sind. Die Linie, die er mit dem Finger zeichnete, war in etwa richtig. Aber wir wissen es noch nicht und glauben, seine Führer hätten ihn getäuscht.

Sie haben alle dieselbe Überzeugung. Sie sagen alle, daß der Krieg verabscheuungswürdig und Deutschland daran unschuldig sei.

»Orléans *capout*..., aber die deutschen Granaten sind so intelligent, daß die Kathedrale nicht getroffen worden ist, ebensowenig die Statue der *Jungfrau*.«

»Der Krieg... eine schlechte Sache für Sie, für uns, für alle...«

»Frankreich, Belgien, Holland und Dänemark waren abhängig von England... England hat diese Völker dazu gebracht, Krieg gegen Deutschland anzufangen... Wir haben den Beweis dafür im *Marschplan*, der in Belgien gefunden wurde... Aber wir brauchen nur noch zwei oder drei Wochen, um mit England fertig zu werden.«

Ich erinnere mich, daß wir dem Soldaten, der auf der Suche nach Schokolade war, die Größe Dänemarks im Vergleich zu Deutschland gezeigt haben. Es hat ihn überhaupt nicht erschüttert. Ich habe selten so gut verstanden, daß nicht alle Menschen ihre Gewißheiten auf dieselbe Weise erwerben.

Abel Delaveau versucht, einigen Soldaten zu erklären, was er unter Frieden und unter Krieg versteht. Im Wesentlichen sagt er: »Daladier, Chamberlain, Göring, Hitler, alles Dreckskerle...« Was er auch für Anstrengungen unternahm, einfach zu sprechen, die Soldaten haben ihn nicht verstanden, und vielleicht war das auch besser für ihn. Aber der Tonfall von Abel Delaveau ist von solcher Überzeugungskraft, daß die Soldaten zustimmend mit den Köpfen nicken.

Ein Kalb brüllt auf der Wiese hinter dem Bauernhof. Die Deutschen hatten es irgendwo mitgenommen, auf einen Lastwagen gehievt und dort festgebunden. Abel glaubt, es sei eines seiner Kälber; er springt in den Lastwagen und will das Seil mit seinem Messer durchtrennen... Die Deutschen stoßen Drohungen aus: Sie schreien. Ein Unteroffizier schreitet ein und schreit ebenfalls. Abel antwortet im selben Ton. Der Unteroffizier entfernt sich einen Augenblick, kommt mit seinem Revolver bewaffnet wieder, den er Abel zeigt. Aber Abel hat sich getäuscht. Es war keines seiner Kälber. Der Unteroffizier hat den Revolver nicht auf Abels Gesicht gerichtet. Der Revolver war nur das Symbol für das Gesetz des Krieges. Alles endete in Gelächter.

Ich habe getreu erzählt, aber die Geschichte des Kalbs beweist nichts, außer daß Abel sich nicht so schnell einschüchtern läßt und daß die deutschen Soldaten nicht systematisch alle Zivilisten umbringen. Daß der Revolver gezeigt und nicht auf Abels Kopf gerichtet wurde, das ist ein individueller Zug dieser Geschichte. Ein anderer Unteroffizier wäre brutaler gewesen. Und was wäre geschehen, wenn Abel sich nicht getäuscht hätte, wenn das Kalb eines von seinen gewesen wäre? Und alles hängt von den Kommandierenden ab. Die ersten Soldaten, die vorbeikamen, baten mit gezogenem Revolver um Wein. Und ihr Kommandant war, so hat mir Abel gesagt, »ein wirklicher Rohling«.

Ich habe noch nicht von Choum erzählt, dem Siamkater. Ich mag Tiere, mag aber eine bestimmte Art und Weise nicht, Tiere zu mögen. Mir graut vor jenen Leuten, die ihre gesamte Bereitschaft zu Zärtlichkeit auf eine Katze, auf einen Hund übertragen. Und ich mag ebensowenig (wie man es von den Motten und einem Kleidungsstück sagt), daß die Literatur sich hier einnistet.

Ich werde aber trotzdem erzählen, daß wir Choum wiedergefunden haben. Er hatte die ersten Tage des Exodus gut überstanden. In der Nacht, als wir Chapelon verließen, hatten wir ihn im Wagen gelassen. Da die Tür offengeblieben war, lief er weg. Das ist siebzehn Tage her. Wir finden ihn auf einem Reisighaufen. Er miaut, kommt aber nicht näher. Siebzehn Tage lang muß er von den Fleischresten gelebt haben, die die Deutschen wegwarfen.

Schließlich läßt er sich fangen. Wir nehmen ihn mit in unser Schlafzimmer. Er hat keine Angst. Aber nichts erlaubt mir zu sagen, ob er in seinem Herzen zufrieden ist. Er macht es sich auf meinen Knien bequem, springt auf das Bett, sucht dort eine schöne Ecke, läßt es bleiben, springt erneut zu mir. Bis jetzt ist es erst die Rückkehr von der Wildheit zur Häuslichkeit.

Aber in der Nacht weigert er sich kategorisch, auf einem Stuhl zu schlafen. Er macht es sich auf dem Bett bequem, direkt neben mir. (Niemals hatte ich diese enge Berührung erlaubt, geschweige denn gesucht.) Und erst jetzt singt er die Hymne der Katze, die den Menschen wiederfindet. Es war kein Schnurren, auch kein Miauen, sondern ein Stöhnen der Freude, seltsam, grell, das ich noch von keiner Katze gehört habe, das er bis zum Morgengrauen fortsetzte und das er nie wieder von sich gab.

Der Abend bricht herein, wir sitzen auf der Bank und lehnen uns an die Hauswand. Soldaten laufen im Hof herum. Ein Offizier kommt zu uns und fragt schon von weitem, wem der Hof gehöre, wer hier der Verantwortliche sei. Es gibt viele Arten, auf eine solche Frage zu antworten. Abel ist mit einem Sprung aufgestanden. Ich habe den Eindruck gehabt, er stürze sich auf den Offizier; er ist direkt vor ihm stehen geblieben:

»Das bin ich…«

Er spricht diese Worte mit nach vorne gestrecktem Körper und Kopf aus. Und seine Hand hat sich, mit gespreizten Fingern wie Krallen, auf seine Brust gepreßt.

Er hätte sich nicht klarer ausgedrückt, wenn er gesagt hätte: »Ich bin hier der Herr, ich dulde Sie und fürchte Sie nicht.«

Ich habe an einen großen Kerl mit einem Don-Quichotte-Gesicht gedacht, der Anfang des Krieges 1914, im Durcheinander der Regimenter an der Kreuzung zweier Landstraßen in der Woëvre, nachts von seinem Pferd herunterrief: »Wer befiehlt hier?…«

Ich bin nicht so dumm zu sagen, der deutsche Offizier habe Angst gehabt. Aber sei es, daß er von dieser herausfordernden Pose verwirrt war, sei es, daß er vor etwas Geheimnisvollen aufgab, er entfernte sich ohne ein Wort.

Ich habe an Sie gedacht, Herr von Mutzenbecher. Hätte ein deutscher Bauer sich derart widersetzt?

Abel hatte mir von einem Gespräch erzählt, das er mit einem niederen deutschen Dienstgrad am Vorabend unserer Ankunft oder noch einen Tag früher geführt hatte, einem zwanzigjährigen Studenten. »Alle Völker«, hatte er ihm gesagt, »sind verantwortlich für den Krieg. Aber Hitler ist der Krieg selbst.« Der junge Mann war erst aufgeschreckt, als Abel den Namen Hitler aussprach. Und Abel, der Schönrednern mißtraut, aber die Beredsamkeit schätzt, hatte ihm gesagt: »Sie können nichts gegen mich tun. Lieber sterbe ich aufrecht, als daß ich auf Knien lebe…«

Mir aber sagt er viel schlichter: »Sie sind da. Man muß es ertragen, aber sich nicht erniedrigen.«

Er berichtet mir von einem Zeichen der Erniedrigung. In Lorris standen etwa dreißig Frauen vor der Bäckerei Schlange. Sie hatten sich noch nicht daran gewöhnt. Sie schubsten und beschimpften sich bald. Eine dieser Frauen rief einen deutschen Soldaten und forderte ihn auf, »Ordnung in das Ganze« zu bringen. Entweder mochte dieser Deutsche die Ordnung nicht so sehr wie die anderen oder er hatte keine Anweisung erhalten. Er lachte.

Die jungen Anhänger des Anarchismus vor 1914 sagten oft: »Was sollten wir dagegen haben, daß die Deutschen nach Paris einmarschieren?… Das Straßennetz wird besser werden.« Aber man konnte sich nicht vorstellen, daß die Tatkraft eines Volkes, und sei es des deutschen, sich auf fremdem Boden anderer Probleme annehmen würde als nur dem Straßennetz. Darin lag nicht die gleiche niedrige

Haltung wie in der Hinnahme einer Ordnung um jeden Preis, wie sie die »Seeleningenieure« errichten. In jenen weit zurückliegenden Zeiten bewahrten sich unter den Franzosen, die sich den Himmelsrichtungen der politischen Karte widersetzten, die einen ein nationales Schamgefühl und hielten es für anstößig, wenn ein Sohn überall herumposaunte, daß er seine Mutter liebe. Die anderen liebten Frankreich auf die Weise, wie manche Wahnsinnigen lieben. Ihre Liebe ist ein Delirium von Wut und Eifersucht, das von schändlichen Motiven genährt wird. Sie beschuldigen ihre Frau des schändlichen oder inzestuösen Ehebruchs.

Ich gebe mich diesen armseligen Überlegungen hin, während ich mit den Augen den gewundenen Linien der Holztäfelung einer alten Anrichte folge. Meine Pfeife, die alte Anrichte sind zu meinem Opium geworden. Aber ich will mein Verbundensein mit mir nicht verlieren, ich will mein Verbundensein mit dem, was ich doch Zivilisation nennen muß, nicht verlieren. Ich bin kein Mensch für die einsame Insel, und außerdem gibt es keine einsamen Inseln mehr. Montaigne, Pascal, der Humanismus. Aber Vorsicht vor den Schulmeistern, die Handel damit treiben, Vorsicht vor den Krämern des Humanismus.

Wenn wir den widersprüchlichen Radiomeldungen glaubten, hätte Frankreich drei Regierungen: die *Kommandantur* in Paris, eine Regierung in Clermont-Ferrand, eine weitere in London. Und die Frau in Lorris und all jene wie sie. Wir liegen auf Grund. Wir sind auf Grund gelaufen. Es ist der Augenblick, wieder einen Patriotismus zu erfinden, ein Nationalgefühl neu zu definieren. Eine schöne Gelegenheit: Die Gutsituierten haben keines mehr.

Die Feldküche ist im Schuppen neben dem Haus von Madame Rose eingerichtet. Zwei Trupps kommen, um sich dort zu verpflegen, der erste resedagrün und gestiefelt, der zweite in kurzen Hosen… Über diesem Wogen von nackten Schultern heben sich auf recht komische Weise einige nackenartige Gesichter ab, wie der Maler Grosz sie nach dem Krieg von 1914 malte, und der spitze Kopf eines kleinen *Herr Doktor* mit Brille.

Ein Kommando. Die Gruppe der Männer in kurzen Hosen entfernt sich in Viererreihen. Aber der Mann an der Spitze des Zuges wirft zum Spaß die Beine nach vorne, als ob er im Parademarsch losgehe. Ich bemühe mich, eine dumme Vorstellung loszuwerden: Dieser Soldat befreit sich, so gut er kann, von seinem Joch. Er macht sich über ein ganzes Regime lustig. Seine nach vorne geworfenen Beine stoßen ein Loch in das Regime. Er tritt Hitler in den Hintern.

Einer der Männer aus der Feldküche hat sich ein Kleid und eine Schürze genommen, die Madame Rose gewaschen hatte und die auf einer Leine trockneten. Er benutzt sie, um die Räder zu schrubben und blankzureiben. Madame Rose sieht es, reißt sie ihm aus den Händen und überschüttet ihn mit Beschimpfungen: »Ich habe das Kleid doch nicht gewaschen, damit Sie Ihr Schmieröl damit wegputzen.« (Das Ganze im Tonfall von Chapelon; nach dem Aufenthalt in Les Douciers bewegt mich diese Aussprache, sie gefällt mir sehr viel mehr, als wenn ich im Gâtinais geboren wäre.) Die Männer aus der Feldküche schreien einige »capout«. Aber sie geben nach.

Sie bürsten die Speichen mit kräftigen Bürstenstrichen blank. Eine Stunde später inspiziert ein Offizier die Feldküche. So ist es in allen Armeen der Welt. Aber nicht ohne feine Unterschiede. Ein französischer Offizier hätte sicher angemerkt, daß die Radspeichen nicht so stark glänzten wie die Sonnenstrahlen. Aber der deutsche Offizier hält eine Rede, die man von weitem hört. Ich sage eine Rede, denn ich kann nicht herausfinden, ob er schimpft, mißbilligt und droht, oder ob er seinen Männern Unterricht über die Technik der Reinigung von Feldküchenrädern hält. Der Ton ist zugleich autoritär und im Stil einer Litanei. Man könnte meinen, ein Prophet sei gekommen oder ein Prediger predige über die Räder der Feldküchen.

Ein Soldat wäscht sich am Brunnen. Auf seinen Arm ist ein Athlet tätowiert, der Hanteln hebt. Kein Hakenkreuz, kein Hitlerporträt. Ein Athlet mit angeschwollenem Bizeps. Das ist sie, die Kunst der Tätowierung, unabhängig von den Regimen, sich selbst treu.

Ich begleite Abel Delaveau in das Städtchen. Ladon zählt etwa tausend Einwohner. Seit Tagen haben meine Augen nur einen Hof gesehen, und zwischen diesem Hof und dem Haus von Madame Rose einen Strohschober und einen Haufen zerschnittener Rüben. Ladon wirkt auf mich wie eine große Stadt.

Abels Schwager, ein pensionierter Lehrer, wohnt in Ladon. Er war zusammen mit seiner Frau auf dem Fahrrad geflohen. Als er zurückgekehrt ist, war seine Tür eingeschlagen und zertrümmert, aber seine Möbel hat er noch vorgefunden.

Es stimmt, daß die Deutschen dreizehn französische Soldaten und acht Zivilisten erschossen haben. In Ladon hat es, wie in anderen französischen Marktflecken, Versuche gegeben, Widerstand zu leisten. Ein paar Zivilisten (Flüchtlinge) hatten sich den Soldaten angeschlossen. Die Deutschen entdeckten sie in einem Keller, in dem sich zwei Einwohner des Fleckens versteckt hatten, ein alter Mann und seine Frau. Das alte Paar, das mit den Örtlichkeiten gut vertraut war, konnte über die Felder fliehen. Die Deutschen führten die anderen ab und stellten sie an die Wand. Man sieht noch Blutspuren. Dann warfen sie Brandbomben auf die ganze Häusergruppe. Man sieht nur noch Mauerreste und Trümmer, durchlöcherte Fassaden und Schutt.

Die Deutschen haben zwei Gräber ausgehoben, eines für die Soldaten, eines für die Zivilisten… Sie haben zwei Kreuze errichtet. Auf dem einen: *»Dreizehn Soldaten«*. Auf dem anderen: *»Acht Franzosen«*. Auf jedes der beiden Gemeinschaftsgräber haben sie einige Blumen geworfen.

»Wissen Sie«, fragt uns M. D…, »wer in Wahrheit die Verantwortlichen für den Zusammenbruch sind? Es sind die Lehrer. Das habe ich heute morgen gehört. Verantwortlich sowohl aufgrund ihres Unterrichts als auch dadurch, daß sie es waren – fast alles Offiziere –, die das Signal zum ›Rette sich wer kann‹ gegeben haben.«

Ich dachte, er wiederhole die Worte eines Verrückten

oder sie seien Zeichen eines parteiischen Wahns, der, egal wo, nach Personifizierungen und Symbolen suchte. Aber seitdem habe ich diese Anschuldigung erneut gehört. Und ich erinnere mich des mystischen Apothekers, der befriedigt erklärte, daß der Krieg zumindest das hervorragende Ergebnis habe, daß man die Lehrer und die Abgeordneten nicht mehr bezahlen könne.

»Ich war nie ein großer Patriot«, sagt uns M. D... mit patriarchalischer Feierlichkeit. »Aber ich habe den anderen Krieg mitgemacht, und ich habe meinem Sohn gesagt: ›Tu' deine Pflicht...‹«

Sein Sohn ist Offiziersanwärter in Saumur und hat ihm während eines Heimaturlaubs gesagt, alle seine Kameraden seien Faschisten. Diese Diskussion gehört nicht zu meinem Thema. Ich erzähle und hüte mich vor Kommentaren. Aber ich stelle fest, daß dieser Krieg den politischen Haß verstärkt hat und daß die Anhänger der Ordnung um jeden Preis, die darin den von den Russen hypnotisierten Revolutionären gleichen, sich diese Ordnung nur in sehr eigenartigen Erscheinungsformen vorstellen. Und ich glaube, Frankreich, das ist Abel Delaveau und jener alte Lehrer.

Den Reiz von Ladon macht ein kleines Flüßchen ohne Böschung aus, das zwischen den Häusern fließt und von Fassaden und Laubwerk eingerahmt wird, ein gemütliches Flüßchen. Es ist ein liebenswerter und altmodischer Rahmen, mit einem Wasserlauf wie in früheren Zeiten.

Deutsche Soldaten haben sich eines Kahns bemächtigt, vielleicht des einzigen weit und breit auf diesem Fluß. Der

Kahn gleitet über das Wasser, und einer der Soldaten steht vorne und spielt Akkordeon.

Es sind nur Soldaten, die sich vergnügen. Aber ihr Spiel ist ganz ernst. Ich könnte schwören, sie glauben, uns zu erfreuen. Sie sind die Gondoliere des Siegers, sie offenbaren dem besiegten Volk die Art und Weise, eine bestimmte Szenerie und die Poesie des Akkordeons auf einem Kahn zu nutzen. Ich könnte nicht sagen warum, aber ich habe in diesem Augenblick das seltsame Berliner Restaurant wiedergesehen, in dem ich vor zehn Jahren zu Abend gegessen hatte. Es war ein riesiges Gebäude. Jedes Stockwerk stellte ein Land, eine Provinz dar. Perspektivisch gemalte Landschaften bedeckten die Wände. Die Kellnerinnen waren als Bayerinnen oder als Österreicherinnen verkleidet. Alles war Folklore, Komische Oper und Panorama.

Die gewöhnliche Musik tönte in der Stille, die von den Fassaden, dem überhängenden Laubwerk und dem Wasserlauf umrahmt wurde. Der Klang des Akkordeons ließ sich im Städtchen vernehmen. In hundert Metern Entfernung steht ein Wachposten vor dem Bürgermeisteramt. In hundert Meter Entfernung befinden sich die Gräber.

Etwa dreißig französische Gefangene sind in einer Autowerkstatt von Chapelon zusammengepfercht. Ich würde gerne mit ihnen sprechen, von ihrem Krieg erfahren. Das ist schwierig. Sie sagen nur, daß sie sich über die Deutschen nicht beklagen können. Und was erzählen? Für sie läßt sich alles in dem folgenden zusammenfassen: Sie hielten stand, sie waren nicht entmutigt, und plötzlich schien es, als habe man sie aus der Militärdisziplin entlassen und auf die Landstraßen geschickt, so wie man einem Vogel die Freiheit gibt, der außerhalb seines Käfigs nicht zu fliegen versteht. Man hat ihnen nicht einmal eine Standardwahrheit mitgegeben. Ihr Schweigen steht im Gegensatz zu der Redseligkeit der Deutschen. Das Seltsamste, das Unerwartetste ist, daß die Deutschen über sich selbst mit einzelnen deutschen Worten, deren Bedeutung wir nur in ihrem Blick suchen, mehr aussagen.

Ein Soldat hängt in der Sonne sein Hemd über eine Leine. Er ist ungeschickt, weiß nicht einmal, wie man die Wäscheklammern benutzt, die an der Leine hängen. Madame Rose zeigt ihm, wie es funktioniert. Das ist alles. Sie hat kein Wort gesagt. Will sie das Vertrauen des Siegers erringen? Nein, es überkommt sie einfach; sie kann schlechte Arbeit nicht ertragen. Aber diese kleinen Dienste, die Büchsenfleischdosen und der verteilte Tabak, die Gesten, mit denen den Soldaten verboten wird, den Schuppen zu betreten, der als Werkstatt dient und aus dem sie bereits Werkzeuge gestohlen haben, all das schafft Kontakt, Gewöhnung. Die Geschichte ist schwierig. Frankreich ist groß. Chapelon ist klein. Ein Hof in Chapelon ist noch kleiner als Chapelon. Seitdem der »wirkliche Rohling« weg ist, tadelt die *Kommandantur* im Prinzip das Stehlen. So begreift man, daß arme Menschen das richtige Gleichgewicht zwischen der Unterwerfung unter den Zwang und dem Sinn für ihre Würde haben verlieren können.

Dieser Krieg hat sich nicht wie die anderen entwickelt. Hier wurde nicht mit einfachen Klischees Haß geschaffen. Es ist bemerkenswert, daß man das Wort »Boche« fast nicht mehr hört und daß die Deutschen die Deutschen geworden sind. Was mir aber nicht weniger erstaunlich scheint, ist, daß die Frauen nicht ›die Deutschen‹ sagen, sondern ›die Soldaten‹. So als ob es eine Art Gleichheit zwischen allen Armeen der Welt gäbe.

Die Deutschen sind weg. Wir hoffen, daß keine weiteren kommen werden. Mit ein paar Monaten Abstand ist diese Hoffnung natürlich absurd. Aber das Wort »Besatzung« hat für uns keine klar umrissene Bedeutung. Die Deutschen begeben sich wieder nach Paris und werden nach Hause zurückkehren. Chapelon liegt vier Kilometer von der großen Landstraße entfernt. Sie werden uns vielleicht vergessen.

Sie sind weg. Fast herrscht Frieden. Es ist die Stille der Dämmerung, wie in allen Dörfern zu Friedenszeiten. Ich sage zu Abel Delaveau: »Das Dorf ähnelt sich selbst.«

»Ja… aber nicht ganz. Es fehlt das Quietschen eines heimkehrenden Karren, ein Radfahrer…«

Am nächsten Tag ziehen weitere Konvois auf der Landstraße vorüber. Die Lastwagen folgen in derart gleichem Abstand aufeinander, daß man an eine geometrische Parade denkt. Ununterbrochen dröhnt der Lärm der Fahrzeuge, ein Lärm von Steinen auf einer geneigten Matte. Ich habe erneut die Empfindung, daß das, was über die Landstraße zieht, über mich zieht, daß das, was schwer auf der Straße wiegt, schwer auf mir wiegt.

Offiziere sind aus ihren Wagen gestiegen und tauschen zackige Grüße aus. Sie richten ihre Ferngläser auf das Ende des Konvois und in den Himmel, wo in großer Höhe drei Flugzeuge fliegen.

Vielleicht englische Flugzeuge. Wer hat das gesagt?... Ich weiß es nicht mehr. Es ist die letzte Hoffnung und, wie mir jetzt scheint, die Hoffnung auf ein Wunder.

Währenddessen ist das Gerücht aus Ladon zu uns gedrungen, daß Rußland Bessarabien, Polen und Ostpreußen erobert habe. Die Deutschen stellen einige Geschütze auf einer Wiese unter Bäume. Man schließt daraus, daß sie sich vor den Flugzeugen verstecken; man behauptet, die Offiziere machten einen besorgten Eindruck.

Die Geschütze werden auf der Wiese bleiben. Eine Gruppe Artilleristen läßt sich im Dorf nieder.

Die Geschütze stehen im Obstgarten, und die Soldaten in kurzen Hosen sind überall. Wir stehen unter der Herrschaft der Geschütze und der kurzen Hosen. Die Unterdrückung, das sind Geschütze und kurze Hosen.

Es ist ein sächsisches Artillerieregiment. Alle wollen uns unbedingt mitteilen, daß sie Sachsen seien. Aber sie versäumen nie hinzuzufügen, daß sie, ob Sachsen oder Preußen, alle Deutsche seien. Gewiß, sie sind nicht so arrogant und sarkastisch wie die Soldaten, die vor Unterzeichnung des Waffenstillstandes in Les Douciers lagerten. Sie gleichen auch nicht unbedingt den Soldaten, die vor ihnen Chapelon besetzten. Aber ist das ein Unterschied der Provinz oder ein Unterschied der Waffengattung? Die anderen waren Infanteristen, dies hier sind Artilleristen. Im Grunde wirken sie nicht ganz so vollkommen militärisch. Sie erscheinen nicht in Reih und Glied, um sich in der Feldküche zu versorgen. Und sie sind in der Lage, ihre Feldkessel mitzunehmen, ohne auf einen Befehl zu warten und ohne sich in Viererformation aufzustellen.

Sie sind zwar Sachsen, aber sie bringen es doch um nichts weniger zu erstaunlicher militärischer Perfektion, wenn sie im Hof zum Appell antreten. Starrheit, Unbeweglichkeit und Uniformität ihrer Habachtstellungen sind tadellos. Ihre »Augen links«, »Augen rechts« sind Meisterwerke auswechselbarer Mechanik. Sogar ihre Begeisterung ist militaristisch. Der kehlige Schrei ist von der Theorie genauso vorgesehen wie das »Links schwenkt Marsch«, der Eid genauso wie das »Augen rechts«. Beim Kommando stoßen sie gemeinsam einen Schrei aus, ich glaube ein *»Heil«*. Man könnte an einen Schrei der Bewunderung denken, ein Geheul zum Spaß, das man früher in den Offizierskasinos hörte. Aber es ist konzentrierter. Man könnte eher meinen, ein brutales, befehlendes Hupen. Ich verstehe nicht, was der Offizier ihnen sagt. Er leiert – rauh, aber er leiert.

Die Feldküche befindet sich nicht mehr im Schuppen neben dem Haus von Madame R… Sie steht direkt vor der Tür von Abel Delaveau. Sie haben sie dort sicherlich aufgestellt, um direkt neben dem Brunnen zu sein. Man kann das Haus nicht betreten, ohne an den Köchen, ihren Freunden oder Gruppen von Soldaten vorbeizugehen, die sich dort versorgen. Das stört sie nicht.

Ich gehe ab und zu ins Haus, um sie nicht zu sehen, um sie zu vergessen. Dann fühle ich mich einen Augenblick erleichtert, als ob ich nach einem langen Marsch in ein Bad eintauchte. Wir haben Muskelkater von den Deutschen.

Sie sind sauber. Sie waschen sich am Brunnen mit nacktem Oberkörper. Sie tauchen den Kopf in einen Eimer. Aber es ist nicht genau das, was wir Sauberkeit nennen. Es ist ein Zurschaustellen der Sauberkeit. Sie könnten einem das Wasser auf ewig verleiden. Die Zivilisation besteht nicht ausschließlich aus einer Pumpe, einem Hahn – nicht einmal einer Dusche. Ich hatte das bereits im Fernen Osten empfunden, als ich sah, wie stolz die Europäer auf ihre hydrotherapeutischen Einrichtungen waren.

Sie sind fröhlich. Aber was für ein Lachen! Ein Lachen, das vom Dammbereich aufsteigt und in der Kehle wie durch einen Lautsprecher verstärkt wird. Werden wir jemals noch zu lachen wagen?

Sie möchten gern höflich sein. Aber wenn Sie mit ihnen sprechen wollen und Sie ihnen den Rücken zuwenden, so zögern sie nie, Sie an der Schulter zu fassen.

Der Koch verkündet uns, daß Spanien Gibraltar eingenommen habe. Das steht im *Völkischen Beobachter*. Bei jeder Nachricht, die ihnen gefällt, vermuten sie, sie gefalle der ganzen Welt.

Tag und Nacht macht ein Wachposten mit umgehängter Waffe die Runde durch das Dorf. Nachts kommt er direkt vor unserem Fenster vorbei. Das Geräusch seiner Stiefel überdeckt das Geräusch der Pferde, die sich wälzen, und die magische Flöte der Kröten.

Sie tragen Badehosen und marschieren in Viererreihen singend im Gleichschritt. Aber ihr Gesang ist militärisch organisiert, vom Soldatenhandbuch bestimmt und wie Trommelschläge festgelegt. Bald singen sie alle im Takt von vier Schritten, bald von acht Schritten. Bald erhebt sich der Gesang und bald das Geräusch des Gleichschritts. Diese Mischung aus halbnacktem Marschieren und Gesang läßt an einen surrealistischen Witz denken oder an jene Karikaturen, auf denen man einen nackten Neger mit Zylinder sieht.

Vielleicht sind sie lächerlich. Aber, wie die Bauern sagen, sie sind die Herren. Gegenüber dem Bürgermeisteramt hat die *Kommandantur* ein weißes Plakat auf deutsch und französisch an einer Mauer anbringen lassen. »An die besetzte Bevölkerung...« Die Übersetzung ist in etwas unsicherem, aber nicht unverständlichen Französisch. »Die Besatzungstruppen sollen mit der Bevölkerung maßvoll sein, wenn diese sich ruhig verhält.« Noch nie hat jemand versprochen, maßvoll mit mir zu sein. »Es ist verboten, öffentlich oder zu mehreren gemeinsam einen nicht-deutschen Sender zu hören, außer einem ausländischen Sender, den das Oberkommando gestattet hat.«

Das Gerücht geht um, daß Befehl gegeben worden sei, alle Rundfunkempfänger zur Bürgermeisterei zu bringen. Das Gerücht wird nicht bestätigt.

»Sie haben im Rundfunk gesagt, die geflohenen Männer müßten zu Fuß zurückkehren, die Frauen und Kinder würden zurückgebracht«, berichtet Madame Rose.

Was sie sagen... Wir hängen nur noch davon ab, was sie sagen. »Je nachdem, ob man einen mehr oder weniger ausgeprägten Dickkopf hat«, sagt Madame Rose, »kann man leicht ins Gefängnis wandern...«

Er ist ein Koloß, durchlöchert von zwei blauen Augen. Man weiß nicht, warum sich seine beiden Augen in der Mitte des Gesichts befinden. Sie könnten sich, ohne daß man darüber erstaunt wäre, an jeder beliebigen anderen Stelle seines Körpers befinden. Die Form des Gesichts ist tatsächlich kaum feiner als die Form eines Schenkels oder eines Unterarms. Dieser Koloß setzt sich neben mich auf die Bank. Und er erzählt mir sein Leben. Er ist einunddreißig Jahre alt. Er hat sich für zwölf Jahre verpflichtet und hat bereits acht Jahre abgeleistet. Seine drei Brüder sind ebenfalls Soldaten. Er ist Gefreiter, Gefreiter der alten Generation. Er ist stolz auf seinen Dienstgrad und auf das Dienstalter seines Grades. Der Tag, an dem er zum Gefreiten ernannt wurde, war ein großer Tag… Er ist durch Romorantin und durch Orléans gekommen, er hat seine Pflicht erfüllt, er hat seinem Vaterland gedient (*Pflicht… Vaterland*), und er hat das Glück gehabt, nicht verwundet worden und bei guter Gesundheit geblieben zu sein.

Er erzählt mir auch von der Besetzung des Rheinlandes durch die Franzosen und von England, das am Krieg schuld sei. Aber sehr wenig, sehr viel weniger als die anderen. Außenpolitik ist nicht seine Stärke. Und es geschieht nur aus Freundlichkeit, für den Fall, daß ich nicht im Besitz der Wahrheit sein sollte, daß er sich so aus dem Wehrmachtsbericht bedient, wie er seine Ration an der Feldküche holt. Er teilt mit mir.

Am nächsten Tag tue ich so, als erkennte ich den Koloß nicht wieder. Aber vergebens. Er kommt geradewegs auf mich zu und bringt mir drei Päckchen Zigaretten…

Am übernächsten Tag fliehe ich wieder. Aber er hält weitere Vertraulichkeiten für mich bereit. Er zeigt mir seinen Offizier, sagt mir, daß dieser erst einundzwanzig Jahre alt sei und keine Erfahrung habe. Er erzählt mir eine recht lange Geschichte, die ich nur sehr schlecht verstanden habe. Ich glaube, daß es sich um einen Gewaltstreich handelte, bei dem der erfahrene Gefreite das Unvermögen des jungen Offiziers ausgleichen konnte, der nur über Schulkenntnisse verfügte.

Alle meine Versuche, dem Koloß auszuweichen, sind vergebens. Er bringt mir Tabakpäckchen, Zigarettenpäckchen. Es ist nur geplünderter Tabak. Aber er bringt mir eine Zigarettenschachtel, die ihm seine »Mamma« geschickt hat. Und er wiederholt mir voller Zärtlichkeit zehnmal: »Mamma... Mamma!...«

Kein Zweifel: Der Koloß braucht einen Vertrauten, den er in seiner Armee nicht finden kann. Und er hat sich mich ausgesucht, aus Gründen, die Gott allein weiß. Er sucht menschliche Reibung. Sein Fell ist dick. Wie es auch sei, ich verstehe, daß er auf seine Weise nach dem sucht, was Montaigne »die Übung der Seele ohne weitere Früchte« nennt.

Ich muß alles über diesen Koloß sagen: Man wird später sehen, warum. Man wird sehen, welche Gegensätze ein Mann zeigen kann, und sei es ein Soldat, der sich auf lange Zeit verpflichtet hat, und sei es ein Deutscher. Der Koloß hatte sich der Bank genähert, auf der wir saßen. Ein Nachbar von Abel Delaveau, ein Kriegsversehrter aus dem anderen Krieg, zeigte mir seinen atrophierten Arm und seine nicht mehr zu gebrauchende Hand, über der er fast immer einen Handschuh trug. Aber er hatte den Handschuh abgezogen. Diese Hand erschien weiß, abgemagert, mit rosa Fingernägeln, und glich auf lächerliche Weise der Hand einer müßiggängerischen Frau, während die andere eine Bauernhand war, breit und schwielig. Der Bauer schob seinen Ärmel hoch: Der Arm war spindeldürr. Da schob der Koloß breit lächelnd zum Vergleich ebenfalls seine Ärmel hoch, verschränkte die Arme und ließ die athletischen Muskeln seines Bizeps hervortreten.

Ich habe gedacht: »Das ist Deutschland«. Und lange Zeit habe ich diesem allzu einfachen Gedanken nicht widerstehen können.

Wir werden »ausgehalten«. Die Soldaten verteilen Büchsenfleisch, Sardinendosen, »*salmon*«, Schokolade, Bonbons. Aber alles sind französische Produkte. Alles kommt aus Rouen oder Orléans, alles ist durch Plünderung in ihren Besitz gelangt. Als wir mit den Aufresnes ein paar Kilometer von Les Douciers entfernt im Gras gesessen hatten, war ein deutscher Soldat gekommen und hatte uns eine Dose Büchsenfleisch hingestreckt. Das war das erste Mal. Und wir hatten Hunger, und wir hatten nichts anderes zu essen. Wäre ich allein gewesen, hätte ich dieses Geschenk des Siegers vielleicht abgelehnt.

Ich sage: vielleicht. Bei dieser Art Sachen darf man nicht leichtfertig sein Wort darauf geben. Man darf nicht in Kategorien urteilen und die Ehre in römisches Recht übersetzen. Alles hängt von den Umständen ab, alles hängt von einem Nichts ab, von einem Blick. An jenem Tag mußte ich nicht selbst entscheiden. Nicht ich habe die Dose Büchsenfleisch aus den Händen des Soldaten entgegengenommen. Aber ich habe davon gegessen wie die anderen.

Es wird zu einem Spiel. Jeder zeigt her, was er von den Soldaten geschenkt bekommen hat, als ob er Diebesbeute zur Schau stellte. Landbewohner haben keine Kasuistik der Ehre. Schließlich ist es ja kein Hinnehmen, sondern ein Zurücknehmen. Außerdem sind wir eine Art Gefangene. Und Gefangenen liegt nichts an der Ehre, vor Hunger zu sterben.

Die Feldküche steht, wie ich bereits gesagt habe, direkt gegenüber der Küche des Bauernhofs. Die Bank ist ein guter Aussichtsposten. Der Koloß leert eine Flasche Wein auf einen Zug, ohne sie von den Lippen abzusetzen. Er füllt sich mit Wein, so wie er einen Kanister füllen würde. Ein Soldat hält in einer Hand eine Tafel Schokolade und in der anderen einen Klumpen Butter. Er beißt abwechselnd in die Schokolade und in die Butter.

Die Soldaten stehlen Eier, Kartoffeln. Die Kartoffeldiebe können nicht vom Land kommen. Sie reißen das Blattwerk ab, ziehen Knollen aus der Erde, die gerade so groß sind wie drei Stecknadelköpfe, und graben nicht tiefer.

Sie haben eine Sprengpatrone in den Teich von Abel Delaveau geworfen. Die Fische treiben mit dem Bauch nach oben an der Wasseroberfläche. Bald beschwert man sich, dann wieder nicht. Die *Kommandantur* ist die Allmacht. Man weiß nicht, ob es besser ist zu ertragen oder zu protestieren.

156

Neben einer alten Windmühle waren Bienenkörbe aufgestellt. Die Flügel der Mühle waren längst abmontiert, und die alten Holzbalken lagen aufgestapelt neben den Bienkörben. Soldaten haben die Bienenkörbe und die Balken in Brand gesteckt. Man hätte meinen können, es seien nur ungeschickte Honigdiebe. Aber warum haben sie die Flügel der Mühle in Brand gesteckt?

Ich bin bis zu der Mühle gegangen. Die Flügel brennen noch immer. Ein Bienenschwarm fliegt noch vor einem halb verkohlten Bienenstock hin und her.

Wenn ich mich lange vom Bauernhof entferne, so fühle ich mich noch stärker im Exil. Es gelingt mir nicht, diesen Himmel und die Baumgruppen zusammenzubringen. Die Felder sind so dichtgedrängt, daß das ganze Land ein großes Lager mit unzähligen Regalen von Weizen und Hafer zu sein scheint.

Ein Soldat fragt, ob er Milch kaufen kann. Er trägt eine Badehose. Aber er ist höflich. Er grüßt mit einem kurzen Kopfnicken und einer Verbeugung. Es scheint mir nicht so, als vertrügen sich diese Kleidung und diese Verbeugung. Aber haben die Deutschen ein Gespür für das Lächerliche? Und er hat sicherlich vergessen, daß er nur eine Badehose trägt.

Die sächsischen Artilleristen gehören nicht zu dem germanischen Typus der Infanteristen, die das Dorf vor ihnen besetzt hatten. Man sieht keine mit Flachs bedeckten Totenschädel mehr. Die meisten haben dunkle Haare und sind von recht südlichem Typus. Aber ob braun oder blond – ihre Vorstellungen vom Krieg kommen aus der gleichen

Fabrik. Ihre Nachrichtenfeldküche ist eine perfekte Maschine. Sicherlich sind ihr Zeitungen identisch, vor allem aber verarbeiten sie sie alle auf die gleiche Weise. Hitler liebt den Frieden, und den Krieg hat immer nur England gewollt.

Sie sind aufdringlich. Aber hat das Wort eine Bedeutung für sie? Alle fragen mich, welchen Beruf ich ausübe. Ich verstand das Wort »Beruf« nicht. Über Analogien und Gesten haben sie mir die Bedeutung zu verstehen gegeben. Es war so schwer, daß ich für einen Augenblick den Krieg vergaß und wie ein befragter Schüler antwortete. Ich war nicht mehr in einem besetzten Land, sondern in der vierten Volksschulklasse und sah wieder die Spalten eines alten Wörterbuchs.

Ein Soldat, der seine Wäsche in einem Eimer wäscht, hebt den Kopf und sagt zu uns: »England befindet sich im Krieg mit Frankreich.« Diese Nachricht erscheint uns vollkommen absurd. Es versteht sich von selbst, daß wir uns nichts von den wirklichen Ereignissen vorstellen können, die sie verfremdet und auf die Ebene der Propaganda überträgt.

Er schenkt uns eine Ausgabe des *Völkischen Beobachters*. Eine ganze Seite ist voll mit Todesanzeigen, jede eingerahmt, ein schwarzes Netz… Jede gilt einem Soldaten, der an der Front gefallen ist, nicht nur für Deutschland, sondern: »*Für Führer und Vaterland*«.

Die Köche putzen Gemüse. Sie haben ein Grammophon auf einem Stuhl aufgestellt, das Walzer von sich gibt. Soldaten schreien und grölen, schippen mit großen Schaufeln Wortschutt um. Der Frieden des Hofes ist verletzt. Wir sind nicht einmal mehr die Herren unserer Ruhe.

Die Unteroffiziere nehmen ihre Mahlzeiten im Wohnzimmer, in der Küche und im Eßzimmer des Bauernhofes ein. Abel Delaveau ist nicht mehr, nach Gott, der Herr im Haus. Es gibt keine Macht, die sie in diesem Augenblick aus diesem Raum werfen könnte. Sie achten nicht auf uns, und wir tun so, als bemerkten wir sie nicht.

Mit den Köchen ist es nicht so. Sie bedienen sich des Herdes für die »gute Küche«. Madame Delaveau hat mit Worten und Gesten verlangt, daß sie ihre eigene Kohle dafür verwenden. Sie haben nachgegeben. Sie haben ihr etwas Kaffee, etwas Salz geschenkt.

Eines Abends saßen wir alle auf der Bank vor dem Haus. Sie haben ihr Grammophon hergebracht. Das Konzert ist nicht nur für sie. Das Konzert ist für uns. Sie schenken uns einen Walzer von Johann Strauß, ein Vorstadtchanson, etwas Komisches in der Art von Ouvrard. Wir bilden zwei Gruppen ohne Feindseligkeit, aber ohne Verbindung.

Einer der Köche hat eine deutsche Grammatik mitgebracht. Es setzt sich neben die Tochter von Madame Rose, ein junges Mädchen von sechzehn Jahren. Sie beugen sich beide über eine Vokabelübung. Das war schlicht, ohne irgend etwas Zweideutiges. Für das junge Mädchen gibt es keine Schwierigkeiten. Es ist keine Bäuerin; sie verrichtet die monotone Arbeit einer Konfektionsschneiderin, sicherlich träumt sie von Paris und den Kaufhäusern. Die Soldaten aus Sachsen und dem *Rheinland* sind für sie nur junge Männer in den Ferien.

Ein Schauspiel, das für den Revanchisten, den Schaulustigen bei der Parade vom 14. Juli, den Patrioten in den Varietéveranstaltungen unerträglich gewesen wäre. Aber diese Typen sind verschwunden, und man braucht sie nicht zu vermissen. Ich frage mich außerdem, ob es nicht in allen Kriegen Kontakte zwischen der besiegten Bevölkerung und den siegreichen Soldaten gegeben hat. Die Historiker und Schriftsteller haben sie vernachlässigt, weil sie ihre Berichte erbaulich und sittsam haben wollten, weil diese armseligen Details ihre allgemeine Linie stören, ihr grobes Bild verändern.

Abel kann mir ruhig sagen: »Davon abgesehen sind es Männer wie wir«; er spürt genau wie ich, daß jegliche Hinnahme dessen, was der Feind nicht durch Zwang fordern kann, immer zu denken gibt. Madame Rose denkt viel schlichter, daß junge Mädchen nach acht Uhr abends nicht mehr mit Soldaten scherzen sollen, und sie befiehlt ihrer Tochter, zu Bett zu gehen.

Wir essen, und zwar eine gute Suppe. Wir haben das Ritual der Mahlzeiten wiedergefunden, das wir einen Moment vergessen hatten. Wir schlafen in einem guten Bett. Aber wir wissen nichts von unserem Sohn und seinen beiden Freunden. Ich kann meiner Frau noch so oft sagen, »daß ihnen nichts zugestoßen sein kann«, ich stelle mir manchmal selbst das Schlimmste vor. Ich sehe sie in einem Graben liegen, vor Hunger sterbend oder verwundet. Ich sehe meinen Sohn auf der Suche nach einem Stück Brot umherirren. Sind sie wieder nach Paris zurückgekehrt?

Sind sie in Tournus, Trévoux, Saint-Amour, drei mögliche Häfen, wo sie in Sicherheit wären? Keinerlei Möglichkeit, mit ihnen Kontakt aufzunehmen. Und wir sind blockiert, so wie sie es vielleicht sind. Selbst wenn wir Benzin hätten, wo würden wir sie suchen? Unaufhörlich dieselbe leere Überlegung.

Wir führen ein seltsames Leben, das an nichts hängt, außer an der Güte, an der Feinfühligkeit der Delaveaus. Wir sind Gefangene, die von allem abgesondert sind. Man empfängt nur unvollkommene Nachrichten über die Wiederherstellung der elektrischen Leitungen, der Post und die wieder verkehrenden Züge. Die tragischsten und widersprüchlichsten Gerüchte kursieren über die militärischen und politischen Ereignisse. Seien sie glaubhaft oder verrückt, sie verändern sich von Erzähler zu Erzähler. Sie scheinen spontan erzeugt, die Politik wird in ihnen in ein naives Klischee verwandelt, sie sind nur eine Fabuliererei der Angst, sie täuschen den Hunger nach Gewißheit, der durch nichts gestillt wird. Die Beschießung ist weniger bedrückend.

Es wird erzählt, daß die Deutschen auf der Brücke von Gien und der Brücke von Sully Autos, Fahrräder und Kinderwagen ins Wasser geworfen hätten, um den Übergang schneller frei zu machen. Der Bericht ist von verblüffender Genauigkeit: Auf der Brücke von Gien nahm der Deutsche, der den Bürgersteig auf der rechten Seite bewachte, die Kinder aus den Wagen, bevor er diese in die Loire warf, aber der Deutsche, der die linke Seite bewachte, warf alles ins Wasser, Kinder und Wagen.

Heute, am 4. Juli, zeigt uns ein Soldat eine deutsche Zeitung vom 29. Juni: Das Auto von Monsieur Paul Reynaud hat sich auf der Landstraße nach Saint-Tropez überschlagen. Marschall Balbo ist im Luftkampf gefallen. Er war »ein großer Freund Deutschlands«.

Das magerste Geschenk dessen, was man die Zivilisation nennt, besteht darin, daß die Details der Ereignisse, wenn nicht gar ihre Bedeutung, den Menschen nicht ganz entgehen. Aber dieser Weiler im Gâtinais ist von den Ereignissen so weit weg wie die Sahara. Und nie waren die individuellen Geschicke enger mit dem, was wir die Geschichte nennen, verbunden als in diesem Krieg. Unser Leben besteht aus Warten, Beklemmung und Dauer.

Der Koloß würde sich gerne mit mir unterhalten, mir noch in germanischem Kauderwelsch die großen Ereignisse seines Lebens erzählen, mir noch die Photographie seiner Frau zeigen. Gestern hat er mir gesagt, was er vorhat, wenn er aus seinem Dienst entlassen ist. Aber ich habe nicht verstehen können, ob der Beruf, den er mir mit erhobenen Armen und dem Wort »Schwarzer Mann« bezeichnete, Bergarbeiter, Kohlenhändler oder Schornsteinfeger war. Ich flüchte vor ihm. Und doch habe ich gesehen, daß er in seiner Hand zwei Päckchen Tabak verbarg. Ich habe nie so viel Würde bewiesen. Er ist aus der Fassung gebracht. Er entbietet mir einen schönen militärischen Gruß. So wie er einen Vorgesetzten grüßen würde. Alles an diesem Gruß ist korrekt und den Regeln entsprechend, außer dem etwas enttäuschten Lächeln, das er hinzufügt.

Der schönste Augenblick des Tages ist, wenn Abel

Delaveau mit einem Karren Viehfutter zum Hof zurück-kehrt. Ich helfe beim Einbringen in die Scheune. Dann setzen wir uns auf die Bank oder in das Wohnzimmer, wenn keine Deutschen dort sind, und unterhalten uns.

Vor allem aber grübele ich über die Zeit, über die Dauer der Zeit. Die Emigranten in Koblenz spielten Cembalo, die Revolutionäre vor 1914 tranken in London oder Zürich Tee und veränderten die Welt in Gedanken. Die Geschichte ließ ihnen kleine Nischen, die sie uns nicht läßt.

Ich habe bereits gesagt, wie ich die Geschichte korrigierte. Ich habe jetzt eine richtige Werkstatt für historische Reparaturen eingerichtet. Die Geschichte gehorcht meinen Befehlen. Der Sieg läßt Deutschland zusammenbrechen, so wie es die Niederlage hätte zusammenbrechen lassen.

Ich habe sogar eine elektromechanische Vorrichtung erfunden. Wiederkäuen des Traumes. »Nicht wahr, Saint-Exupéry, meine Idee ist hervorragend?« Ich befestige auf jedem Flugzeug ein kleines Rohr, dessen Strahlungen alle Motoren zum Bersten bringen, die nicht mit einem Ausgleichsrohr versehen sind.

Ich fühle den ganzen Stumpfsinn des Krieges auf mir lasten. Wie zwischen 1916 und 1918. Aber der andere stumpfsinnige Krieg wurde von Leidenschaften genährt. Seit dem Zusammenbruch scheint mir, als ob die Masse der Franzosen die Ereignisse betrachte wie Bauern, die zusehen, wie der Hagel fällt. Das Antlitz der Niederlage habe ich bei den Soldaten gesehen, die auf den Landstraßen flüchteten, ich habe es nicht bei den Zivilisten gesehen.

Und ich hatte nur die Niederlage erlebt und noch nicht die Tage, als es schien, ein Volk gebe sich selbst auf. Aber waren Sie Internationalist? Blödmann... würden Ihnen Abel Delaveau und tausende von Bauern antworten. Nicht seitdem das Wort seine Bedeutung verloren hatte. Man vereint nicht das Nichts mit dem Nichts. Und dieses sich Aufgeben war an sich widerwärtig. Wenn ich gesehen hätte, wie ein anderes Volk plötzlich die Fremdherrschaft Frankreichs hinnähme, weil Frankreich siegreich war, hätte ich dieses Volk verachtet.

Bei den deutschen Soldaten herrscht Glückseligkeit, ein Zurschaustellen ihrer selbst. Eine einzige, gleiche Vorstellung in jedem Kopf, aber eine Vorstellung ohne Wurzeln, eine austauschbare und jeden Tag neu enthüllte Vorstellung. Sie sind täglich zu einer neuen Enthüllung bereit.

Eingemauert, wir sind eingemauert. Im Dorf gibt es einen wirklich Eingemauerten. Ich könnte mit ihm in gemeinsame Gefangenschaft gehen. Es ist der ehemalige Pfarrer von Chapelon, der nach dreißig Jahren Priesteramt mit dem Interdikt belegt wurde. Diejenige, die der Grund für das Interdikt war, lebt mit ihm zusammen. Man kann sie im Dorf sehen, er aber überschreitet nie die Schwelle seines von Mauern eingefaßten Gartens. Die natürliche Würde von Abel Delaveau ist so beschaffen, daß man in seiner Erzählung der Geschichte dieses Priesters vergeblich nach einem einzigen gemeinen Detail suchen würde, das Anlaß für Empörung gäbe. Und Gott weiß, daß Abel die Religion wenig schätzt.

Ich werde entschlußlos. Chapelon ist für mich eine Art

Elfenbeinturm oder einfach der Bau eines Tieres. Meine Grenzen sind die Geschütze unter den Bäumen des Obstgartens, die Feldküche im Hof, die Schober und die Dächer. Aber ich kann die Kolonnen der Lastwagen nicht mehr ansehen, die auf der Landstraße vorüberziehen. Ich schließe die Augen. Ich versuche, sie nicht zu hören. Ich würde gerne da bleiben, darauf warten, daß die Geschichte mir gnädig erlaube zu leben.

An der Tür des Bürgermeisterei- und Schulgebäudes läßt ein deutscher Offizier meiner Frau höflich den Vortritt. Er zögert, und dann, in recht gutem Französisch: »Haben Sie Angst vor uns, Madame?« – »Angst? Nein, Monsieur. Aber so lange Sie bei uns diese Kleidung tragen (sie zeigt mit dem Finger auf seine Uniform), so lange werden Sie mein Feind sein.« – »Aber unser *Führer* hat den Krieg nicht gewollt. Frankreich hat ihn erklärt.« – »Ich habe *Mein Kampf* gelesen…« Der Offizier scheint betreten und antwortet: »Man verändert sich… man kann sich verändern, und die Schuld liegt bei den Engländern, die, verdammt nochmal, die Welt beherrschen wollen.«

Ein solcher Dialog erhält nur durch den Ton und die Absicht eine Bedeutung. Und das »Haben Sie Angst vor uns«, das »Sind wir denn so schrecklich?« war die Klischeefrage, die Hunderte von Deutschen zu Beginn der Besatzung stellten. Dieser hier zog nur die Engländer mit hinein. Aber in den meisten Fällen wurde die vollständige Verantwortung für den Krieg den Engländern und den Juden zugeschoben, oder sogar nur den Juden. Absurde

Erklärungen, personifizierte Vorstellungen, Schaffung von Sündenböcken. Die Erfindung von Gutenberg ist nicht verarbeitet worden. Sie verbreitet nach Gutdünken der schlimmsten Interessen leere und jeglichen Gerippes und Fleisches beraubte Vorstellungen. Die Juden als Anstifter des Blutbades? Warum nicht die Waschbären und die Schnabeltiere?

»Die Verfassung von 1875 ist abgeschafft. Flandin ist Diktator.« Das Wohnzimmer des Bauernhofs wird von einer Petroleumlampe erhellt. (Wir haben keinen Strom, die Kabel sind gekappt worden.) Dieses Licht wirft viele Schatten auf die Gesichter. Es ist ein Licht von früher. Abel und ich sitzen einander gegenüber. Die Nachricht ist zwischen uns gefallen wie eine Fliege auf den Tisch.

Wir sind uns sofort darüber einig, daß es vielleicht eine Diktatur gibt, daß aber der Diktator nicht der hier ist, daß ein Diktator ein wenig Legende braucht und sehr viel Popularität, zumindest ausreichend Popularität, damit die Menge bei seinem Vorbeifahren die Hochrufe der Polizei begleitet.

Diejenigen, die die bäuerliche Weisheit am stärksten loben, sind dieselben, die über die politischen Leidenschaften klagen. Sie geben zu verstehen, daß sie den Bauern davon ausnehmen, der seine Weisheit direkt aus der Scholle ziehe. Ich habe aber noch kaum einen Bauern gesehen, der nicht ein »politisches Tier« gewesen wäre. Sicherlich verfügt der Mann des Bodens über eine Politik der Butter, so wie der Arbeiter über eine Politik des Lohns verfügt, wie der Bourgeois über eine Politik der Rentenpapiere verfügt

166

oder verfügt hat. Aber wie grob das alles ist. Es ist nicht wahr, daß Vorstellungen und Empfindungen immer nur eine Umwandlung, eine Sublimierung von Interessen seien. Wie dem auch sei, wenn ich mich mit Bauern unterhalten habe, habe ich immer ihr politisches Gespür bewundert. Sie fallen nicht auf die wandelbaren Ideale herein, mit denen man die Arbeiter bald begeistert und bald schikaniert. Und sie widerstehen den umfassenden Synthesen, mit denen die halbgebildeten Bourgeois jonglieren.

In Wahrheit ist Chapelon in zwei Clans geteilt: Die Weißen und die Roten. Die Zeitungen von Montargis sammelten in jeder Gemeinde Anzeichen für die Fehde. Ein Junge aus Chapelon, der mit einem Schießbudengewehr spielte, verletzte ein kleines Mädchen. Da die einen Eltern »links«, die anderen »rechts« waren, machte eine Zeitung aus Montargis aus diesem Vorfall eine politische Rache.

Ein alter Mann aus dem Weiler, dessen patriarchalische Höflichkeit ich mag, einer dieser Alten, die man mit einem knorrigen Baumstamm verglichen hat (das ist banal, aber richtig), erzählt mir, daß ein großer Juwelier aus Paris in Chapelon Zuflucht gesucht habe. Dieser Händler, der in seinem Wagen Goldbarren transportierte, freute sich darüber, daß die Einheiten der Pariser Polizei und der Mobilgarde intakt geblieben waren. So durfte man sicher sein, daß Belleville und Billancourt weiterhin unter Kontrolle blieben. (In Les Douciers hatte ich ungefähr dieselben Worte aus dem Mund von Aufresne gehört.)

Der alte Bauer forderte ihn auf zu schweigen und sagte, in Chapelon möge man diese Art zu reden nicht.

Das geschah im Gâtinais. Aber ich kenne Landstriche, wo man die Arbeiter für »Profiteure« hält, wo man ihre Wildheit fürchtet und wo man nicht so großmütig ist, ihnen zu verzeihen, daß es von ihnen im Krieg von 1914-18 weniger Gefallene gab als von den Menschen auf dem Lande.

Man sagt mir, die Bs... seien die Reichen der Gegend. Sie besitzen zahlreiche Höfe, die sie verpachten, und halten in Chapelon nur zwei Kühe und Hühner. Man nimmt ohne allzugroßes Wohlwollen zur Kenntnis, daß sie sich ständig mit einem deutschen Unteroffizier unterhalten, der eine Fliegeruniform trägt. Eine recht merkwürdige Figur, die fast überall herumstreift und am Appell wie ein Gast teilnimmt. Wie alle anderen vermute ich, daß seine Aufgabe die eines Spitzels ist. Man beschuldigt B... (ich habe aber nie den Beweis dafür erhalten), dem Deutschen gegenüber würdelose Äußerungen zu machen und schamlos ein vollständig dem Spott preisgegebenes Frankreich einem geordneten und fleißigen Deutschland gegenüberzustellen. Das Gerücht geht um, er habe den Flieger zum Abendessen eingeladen.

Ich denke daran, was uns vom 1870er Krieg erzählt wurde, an den schweigsamen und verächtlichen Stolz, an dem sich der Feind stieß. Ob sie stimmen oder nicht – diese Berichte haben die gleiche Bedeutung. Sie zeugen in jedem Fall davon, wie man erscheinen wollte.

Als ich noch ein kleines Kind war, habe ich hundertmal die Geschichte vom Handschlag meiner Tante Léonie gehört, eine Geschichte, wie es sie in allen Familien gibt, geschliffen und endgültig, vollkommen wie ein Kunstwerk.

Während des Krieges von 1870 war einer meiner Onkel, Offizier bei den Pionieren, in Sélestat gefangen genommen worden. Nach dem Waffenstillstand wurde meiner Tante erlaubt, ihren Mann zu besuchen. Hier habe ich nur noch meine Kindheitserinnerungen. Sie bilden eine Art Historiengemälde: Mein Onkel ist in einer Festung gefangen, in einer Kasematte, vielleicht einem Verlies. Ein deutscher Offizier führt meine Tante zu ihm, sie folgen trostlosen Gängen, der Offizier öffnet eine Tür, salutiert würdevoll und entfernt sich.

Der Hintergrund ist, daß dieser Offizier einige Stunden oder einige Tage die Strenge der Vorschriften lockerte. Er war so menschlich, daß meiner Tante sich ein Problem stellte, das für eine andere Frau nur ein Problem der Höflichkeit gewesen wäre. Aber sie war von einer strengen Moral, überließ nichts dem Zufall, und all ihre Gefühle, einschließlich ihres Patriotismus, waren aus einem Guß. Für sie war das kein Problem, es war ein Fall des Gewissens. Sollte sie, bevor sie nach Frankreich zurückkehrte, dem Gruß des Offiziers mit einem Kopfnicken antworten? Oder sollte sie ihm – um ihre Dankbarkeit zu bekunden und an Würde nicht zurückzustehen – die Hand reichen? Meine Tante dachte, daß die Gesetze des Krieges ihr erlaubten, die Hand zu reichen. Sie reichte die Hand. Oh! Hoch aufgerichtet und mit der Andeutung eines Handschlages. Aber nach welch intensiver Überlegung! Das wurde eine der Familienlegenden. Und ich glaube wohl, daß meine Tante dreißig Jahre später noch Gewissensbisse spürte.

Ich begann erst allmählich, bei einigen Franzosen (die Soutreux und die Lerouchon waren nur Ungeheuer) das Verschwinden aller nationaler Scham oder das In-die-Knie-gehen vor einer Figur zu bemerken, die die Ordnung darstellen soll, die Ordnung im Absoluten, die Ordnung, die keinerlei menschlichen Widerstand gelten läßt. Oder glauben sie – das war wahr und ist es vielleicht noch immer –, daß der Krieg nicht eine Angelegenheit zwischen Menschen, sondern eine politische Abrechnung sei? Aber wie kann man glauben, daß dieser Krieg nur das alte diplomatische Spiel oder gar eine Wirtschaftsschlacht sei? Es kommt mir vor, als sähe ich einen Teil Frankreichs sich mit Deutschland vereinen und Pascal erdolchen.

Es ist Sonntag. Die französischen Soldaten, die bei Bauern einquartiert sind, begegnen bei dem Gastwirt dem Koloß. Jeder kommt mit seiner Weinflasche, und der Gefreitenkoloß prostet einem nach dem anderen zu. Daran nehme ich keinerlei Anstoß. Das ist eine Sache unter Soldaten. Das entspricht den Ritualen der Kriege vor 1914. Es entspricht sogar dem Infanteriehandbuch (vielleicht ist es verändert worden), das so oder so ähnlich sagt, daß die Soldaten der feindlichen Armeen sich außerhalb des Kampfes als Kameraden betrachten und einander gegenseitig helfen sollen.

Abel Delaveau hat um einen Gefangenen nachgesucht. Dieser, ein Landwirt aus der Umgebung von Dijon, der an der Somme dabei war, ist bedrückt und sagt kein Wort.

Die Männer der Scholle sind zurückhaltend mit Gefühlsäußerungen. Am ersten Tag hat er nur einen Satz gesagt:
»Ich weiß, wie man einen Karren belädt.« Das war vor dem
Stall, und er antwortete auf eine Frage, die Abel ihm gestellt hatte. Er nahm seine Mahlzeiten mit den Delaveaus
ein. Nach zwei Tagen war er völlig verwandelt. Aus dem
Tier einer Tierschau wurde wieder ein junger Bauer. Aber
er sprach nicht gern vom Krieg, von der Flucht und seiner
Gefangenschaft. Ich habe viele solche Soldaten gesehen,
die den Krieg beiseite lassen wie Menschen, die nicht gerne
von ihren Krankheiten sprechen.

Ganz anders dagegen ein anderer Gefangener, der in
einem benachbarten Bauernhof untergebracht war, ein
Mann aus der Vaucluse. Wenn man seinem wilden Aussehen Glauben schenkte, würde man vor ihm erschrecken.
Aber es ist nur eine Verhaltensweise, eine südliche Mimik.
Er erzählt auf klare Weise, in einzelnen Bildern, kunstvoll,
glänzend. Erzählt er die Wahrheit, verwandelt er sie, über-
treibt er? Ich weiß es nicht:

»Wir sind verraten worden... verkauft.

Sieben von unserem Regiment sind übriggeblieben; ich
sage nicht von der Kompanie, ich sage von unserem Regiment.

Mein Major ist zweimal geflohen. Zweimal ist er geschnappt worden.

Der Oberst hat sich das Hirn weggepustet. Er hat gesagt: ›Von mir erfahren die Deutschen kein Wort...‹

Aber der Hauptmann, im Zivilleben ein fetter Kohlenhändler, hat seinen Tornister vor meinen Augen geöffnet,

Zivilkleidung herausgenommen und sie angezogen... Ich habe ihm gesagt: ›Herr Hauptmann, nur Berge begegnen sich nicht ... Wir werden uns wiedersehen.‹ Er hat mir gesagt: ›Vorher wirst du umgebracht...‹ Er ist zu seinem Sohn, und gemeinsam sind sie abgehauen...«

Die deutschen Lastwagen rasen mit siebzig Stundenkilometern über die Landstraße. Auf einem Feld ernten eine alte Frau, den Kopf in ein Kopftuch gehüllt, und ein alter Mann mit kaputtem Kreuz Kartoffeln. Ich kehre den Lastwagen den Rücken zu. Das Dorf und die ganze Erde ist mit Deutschen übersät. Bei Madame R... wird gestrickt: »Sechzehn abnehmen«. Diese magischen Worte und die Bewegung der Stricknadeln gehen mir nicht aus dem Sinn.

»Sie haben gesagt...« Das geheimnisvolle »sie«, das »sie« der Kriege und der Revolutionen, dieses »sie«, das die Mächte und die Großen der Erde bezeichnet, bezeichnet nur noch die Deutschen.

Sie haben gesagt, französische Schiffe seien von den Engländern versenkt worden. Sie haben gesagt, in Frankreich gebe es eine von Reynaud befehligte rote Armee. Ich versuche gemeinsam mit Abel Delaveau, der Lüge und dem Absurden einen Sinn zu geben, darin einen französischen Wunsch oder eine deutsche Absicht auszumachen. Die Nachrichten, die Gerüchte allegorisieren verschwommene politische Leidenschaften, verfälschen das Mögliche und das Unmögliche, fabrizieren ein Ungeheuer mit weit hergeholten Analogien (Reynaud, der eine rote Armee aushebt).

Aber wenn ich mich mit Abel unterhalte, fühle ich mich

voller Hoffnung. Ich bin solche groben Ereignisse nicht gewohnt. Ich brauche Gespür für Feinheiten. Er hat es, diese Wachheit ist eine Geschenk. Seltsame Illusion. Wenn ich mich mit Abel unterhalte, scheint es mir, als sei der ganze Stumpfsinn des Krieges ausgelöscht. Als hätte ich einen Sieg errungen.

Madame Rose überbringt uns eine Nachricht. Diese ist erwiesen, überprüft. Eine Schreibkraft aus Ladon, eine Frau mit Schulbildung, nicht eine von denen, die alles mögliche nachplappern, »hat es im Rundfunk gehört«:

»Wenn Deutschland seine Truppen nicht bis zum 14. zurückzieht, dann haut Amerika drauf...«

Heute ist der 10. Juli. Auch ich überlasse mich schließlich träumerisch kindischen Veränderungen der Geschichte.

Madame Delaveau überrascht im Stall einen Soldaten, der ein Ei stiehlt. Er verbirgt es ungeschickt in seiner Tasche... Sie schimpft ihn einen Dieb und droht mit der *Kommandantur*. Die Worte fliegen umeinander wie Kugeln. Die Bäuerin redet in einem Schwall ohne Unterbrechung. Der wütende Deutsche antwortet mit Schreien und Gesten. Sie spricht französisch, er spricht deutsch. Sie verstehen sich nur durch den Tonfall und die Gesten. Der Deutsche weicht zurück und gibt das Ei wieder heraus.

Ich weiß, daß ich kein großes Ereignis erzählt habe. Aber es gibt keine kleinen Ereignisse. Auch in der allerkleinsten Handlung sind ein Mann und sein Volk vollständig enthalten. Gelehrte Psychologen haben dies mit anderen Worten gesagt. Ich bin darüber erstaunt, daß der

Soldat nachgegeben hat, und zwar nicht sofort, wie ein beschämter Dieb, sondern nachdem er gedroht und geschrien hat. Ich sehe darin das Ergebnis einer Entscheidung von oben, eines Befehls des Oberkommandos. Das Deutschland Hitlers will vorerst nicht nur durch den Schrecken herrschen. Sie beherrschen es gut, dieses Spiel zwischen der Hinrichtung von Ladon, dem Verbot von kleinen Diebstählen und ihrem ›Sind wir denn so schrecklich?‹. Und die Mäßigung, zu der die weißen Plakate die Soldaten unter der Bedingung auffordern, daß »die Bevölkerung sich ruhig verhält«, fällt ihnen umso leichter, als sie sich satt essen, über alle Nahrungsmittel verfügen, die sie seit dem Zusammenbruch requiriert oder sich durch Plünderung verschafft haben.

Hinter diesem Soldaten steht die ganze Macht des *Reichs*, und die Augen der deutschen Soldaten sind, wie sich ein Bauer mir gegenüber ausdrückte, »voller Sieg«. Ich bin besessen von der Vorstellung, daß zwischen dem Soldaten und mir keine Beziehung von Mensch zu Mensch und auch keine jener Beziehungen besteht, die von den Gesetzen und Sitten eines gemeinsamen Landes geschaffen werden. Es gibt nur das Gesetz des Krieges, das nichts als Nützlichkeit oder Launenhaftigkeit ist. Zwischen ihm und mir gilt stillschweigend, daß er über mich das Recht über Leben und Tod hat.

Sein Koppelschloß glänzt. Ich lese deutlich: »*Gott mit uns*«. Die Vorstellung von Gott erscheint mir dabei schwierig. Da liegen die Gefahren der Vulgarisierung.

Ich bin der Herr des Bauernhofs gewesen. Da Abel

174

Grünfutter holt, bittet mich seine Frau, bei ihr und den beiden Mädchen zu bleiben. Ich sitze auf der Bank und bewache die Tür des Hauses. Ich schütze die Kinder und Frauen und herrsche über zwanzig Hektar Grünfutter, Rüben und Weizen. Aber ich bin nichts als die Anwesenheit eines Mannes. Eines kindischen Mannes, der sich bemüht, seinen Zügen Energie und seinem Blick Entschlossenheit zu verleihen.

Am nächsten Tag holt mich die kleine Jacqueline. An der nach außen gelegenen Seite der Hofmauer steht Madame Delaveau und diskutiert mit einer Gruppe Soldaten. Sie stehen um eine jener Landmaschinen herum, die Folterinstrumenten ähneln, eine Maschine, um Unkraut zu jäten. Sie fürchtet, daß sie sie mitnehmen wollen. »Fragen Sie, was sie tun…« Es gelingt mir, mein »Warum« und mein »Was wollen Sie« verständlich zu machen. Aber ich verstehe nichts von ihren Antworten. Sie reden alle gleichzeitig, und sie schreien, um besser verstanden zu werden. Aber die deutsche Sprache ist manchmal durchschaubar. Das Wort »reparieren« hat alles gerettet. Tatsächlich zieht einer der Soldaten, der eine Zange und einen Schraubenschlüssel in der Hand hält, einen Zweig aus der Jätmaschine. Und schließlich verstehe ich, daß die Maschine von einem ihrer Lastwagen gestreift worden ist. Zuvor aber war ich sehr feige gewesen. Der Gefreitenkoloß kam vorbei. Er hat sich genähert. Ich habe sein »Guten Tag« herzlich erwidert. Die anderen haben verstanden, daß wir uns kannten. Feige habe ich die Mächtigen für mich gewonnen.

Es mag fast wie ein Scherz wirken, so wie ich hier lauter

winzige Kleinigkeiten erzähle. Ich weiß es. Aber von diesen kleinen Vorfällen kennt man niemals das Ergebnis. Und man möge bitte daran denken, daß bei jedem dieser Kontakte mit den deutschen Siegern etwas von unserer Würde auf dem Spiel steht, so gering das auch sein mag. Ich bedaure diejenigen, die das nicht gespürt haben. Und wenn es irgendeinen Theoretiker gibt, bei dem die Anwesenheit des Deutschen kein Nationalgefühl erweckte, so antworte ich ihm, daß ich den Gefangenen, der seinem Gefängniswärter schmeichelt, nicht mag.

Und die Deutschen sind überall. Ihr Leben hat sich über das des Dorfes gelegt wie eine Deckschicht. Man kann sie ebensowenig vermeiden wie eine Ameisenstraße auf einem Gartenweg. Ihre Gepräche untereinander, die an Gebell erinnern, ihre rauhen Befehle, der Lärm der Stiefel, den ein einzelner Soldat oder eine Abteilung im Gleichschritt macht, ihre Gruppengesänge, die nichts anderes sind als ein Gleichschritt der Kehlen, überdecken das Land und überdecken das Dorf. Ihre Lastwagen ziehen immer noch Richtung Paris, Richtung Norden vorbei, jeder trägt über der Plane als Beutefigur, als ironische Trophäe, eine unserer Gasmasken.

Es heißt, zwei junge Mädchen seien von Soldaten im Wald vergewaltigt worden. Davon wird nie mehr die Rede sein. Es ist mehr als zweifelhaft.

Unter einem bald grauen, bald übermäßig blauen Himmel, über den Wolken ziehen, gehe ich mit Abel Delaveau auf dem kleinen Weg des Bauernhofes spazieren, der quer zur Landstraße verläuft. Es ist nicht wahrscheinlich, daß ein

Lastwagen die Landstraße verläßt und den Weg befährt. Einer der Lastwagen biegt jedoch plötzlich ab, ohne die Geschwindigkeit zu verlangsamen, und befährt den Karrenweg. Wir haben nichts gehört. Und der Fahrer hat kein Signal gegeben. Aber fünf Meter vor uns hat er gehupt und gebremst. Wir haben gerade noch Zeit auszuweichen. Der Fahrer ist empört. Für ihn gibt es weder kleine Wege noch Hohlwege noch Wege, die Karren und Träumen vorbehalten sind. Es gibt nur allgemeingültige Verkehrsregeln.

Am Abend stehen ein paar Soldaten um den Neffen von Madame Rose herum. Wenn dieser Kleine das Deutschtum erklären wollte, so sagte er sicherlich, daß die Deutschen die Confiserien geplündert hätten, um ihm Bonbons mitzubringen. Respektvoll zeigen mir die Soldaten einen von ihnen, einen Pfarrer, der französisch spricht. Ich weiß nicht, was dieser Pfarrer mir gesagt hätte, wäre er allein gewesen. Aber unsere kurze Unterhaltung war mittelmäßig. Wir waren uns darüber einig, daß Dresden eine schöne Stadt sei. (Übrigens habe ich die Deutschen nie über eine Stadt reden hören – und sei es eine ausländische –, ohne hinzuzufügen, daß sie schön sei.) Und er fragte mich, ob die Franzosen Goethe läsen.

Wir gehen in unsere Schlafzimmer. Nicht einmal die Nacht ist frei von Deutschen. Der Wachposten und seine Stiefel gehen unter dem Fenster vorüber. Aber ich mag das Geräusch eines fernen Bombardements, das die Pferde des Hofes machen, indem sie gegen ihre Boxen treten.

Heute morgen hat mich der falsche Flieger, der Spitzel, auf dem Gang, der zu den Schlafzimmern des Bauernhofes führt, angesprochen. Er spricht alle auf dieselbe Weise an: »Entschuldigen Sie… Ich würde gerne mein Französisch verbessern…«

Er ist ein großer Bursche, vom Typ hübscher Junge, mit regelmäßigen Gesichtszügen, aber weich, ein zuckriges Gesicht. Da man mir gesagt hat, er spreche fließend französisch, habe ich das Gefühl, daß seine Schwierigkeit, die Worte zu finden, und seine mühsame Aussprache nur vorgetäuscht sind. Sicherlich will er den Gedanken in mir vertreiben, daß er lange Zeit in Frankreich den Beruf des Spions ausgeübt habe. Nach einigen Sekunden habe ich die Gewißheit, daß er nicht Flieger ist, sondern Spitzel oder Wichtigtuer. Vor allem aber ist er dämlich. Seine Eigenschaft, dämlich zu sein, übersteigt seine Eigenschaft, Deutscher zu sein. Er stellt mir Fragen zur Grammatik oder zur Eigenheit der Wörter. Und sicher um mich zu entschädigen, erzählt er mir von seinem Aufenthalt in Paris nach dem Einmarsch der deutschen Truppen: »Paris ist eine schöne Stadt.« Die drei Hauptstationen waren das Restaurant *Fouquet's*, der Arc de Triomphe und das Grab Napoleons.

Wenn es ein Spion ist, so gehört er nicht zur Gruppe der umherschleichenden Spione, die sich an den Mauern entlangdrücken. Er klebt, er klebt schrecklich. Er verklebt.

Abel Delaveau hat uns in seinem Citroën nach Montargis gefahren. Aber wie klug war er, auch den deutschen Soldaten mitzunehmen, der die Gefangenen von Chapelon beaufsichtigt. Ganz unverdorbene Menschen zeigen in den schlimmsten Situationen häufig ungeahnte Geschicklichkeit, während die pfiffigen sich in Details verlieren. Der Deutsche betritt die *Kommandantur*, als wäre er hier zu Hause. Er erhält einen Benzingutschein für zehn Liter. Wir fahren zum Tankschiff. Es gibt keine Armee – auch nicht die deutsche –, die hinter dem Bauwerk ihrer Disziplin nicht Risse verbirgt, wo sich Gewieftheit einschleicht. Ich weiß nicht, ob der Deutsche aus Freundlichkeit oder Eitelkeit handelte. Man gibt uns alles an Benzin, was wir mitnehmen können. Wir kaufen eine Gießkanne, die wir so gut wie möglich mit Stoffresten verschließen werden. Muß ich sagen, daß Abel diesen Schatz mit mir teilen wird? Aber es fehlen mir noch dreißig Liter, um hoffen zu können, den Jura oder das Departement Saône-et-Loire zu erreichen.

Die Frauen stehen an den Türen der Geschäfte Schlange. Aber für die deutschen Soldaten gibt es keine Schlange. Sie gehen direkt nach vorne. Auf die Frage nach irgendeiner Ware antwortet eine Händlerin wütend: »Die Pariser haben alles geplündert«. Die Pariser – das ist die Horde der Flüchtlinge. Der Wachposten, der vor der *Kommandantur* steht, treibt die Passanten brutal zurück. Schon ziehe ich umfangreiche ethnische Schlußfolgerungen, da fällt mir plötzlich der französische Unteroffizier wieder ein, der wenige Kilometer von Lorris entfernt auf der Landstraße in einer Raserei aus Heidenangst und Autorität herumschrie, sich auf das Zaumzeug der Pferde und die Karren stürzte und seine Wut am Schaltgetriebe eines Wagens ausließ. Eine Caféterrasse ist ausschließlich mit deutschen Offizieren besetzt, die aufrecht auf ihren

Stühlen sitzen wie auf dem Bürgersteig aufgepflanzte Götzenbilder.

Wir finden eine Ausgabe des *Matin*. Wir lesen darin, daß »England kaltblütig das größte Verbrechen aller Jahrhunderte begangen hat, daß es den Beweis für seine bestialische Brutalität abgeliefert und in wenigen Stunden alle Rekorde kollektiven Banditentums und moralischen Tiefstands gebrochen hat«. Wir lesen darin ebenfalls, daß General de Gaulle »wegen seines Verhaltens des Amtes enthoben worden ist«. Eine Lokalzeitung, *Le Gâtinais*, druckt die Vereinbarungen des Waffenstillstandes ab.

DER KOLOSS.
DIE RÜCKKEHR IN DIE FREIE ZONE

Bei hereinbrechender Nacht bringt mir der Koloß ein ganzes Paket mit Zigarettenpäckchen. Mit Zeichen und Worten fordert er mich auf, es sofort ins Haus zu bringen. Es ist also mehr als ein hingenommenes Geschenk, es ist eine Art Komplizenschaft. Das Seltsamste ist, daß der Koloß meine kühle Haltung bemerkt hat. Ich weiß nicht, wie er sie interpretiert. Aber er unterwirft sich ihr. Er hält sich nicht mehr bei uns auf.

Am nächsten Tag ist er abends mit einem Kameraden wiedergekommen, einem Friseur aus Dresden, der in erstaunlichem Gegensatz zu ihm steht. Er ist klein, braunhaarig, er hat leuchtende Augen. Später habe ich gedacht, daß der Koloß ihn mitgebracht hat, damit dieser mit den Mitteln des Wortes und der Intelligenz die stummen Gefühle ausdrücken sollte, die er selbst in seinen Herzen trug – wie eine Art Botschafter für das Reich des Geistes. Aber der junge Soldat spricht ebensowenig französisch wie der Koloß. Und ich kann keine hundert Worte Deutsch. Er redet sehr viel. Ich habe verstanden, daß er bald nach Hause zurückzukehren hofft, daß der Frieden bald unterzeichnet werde und man nie wieder jene zwecklosen Kriege erleben werde: »*Ohne Zweck*.« Aber ich weiß nicht, ob er darunter versteht, daß jeder Krieg zwecklos sei oder daß die germanische Befriedung von nun an jeglichen Krieg unnötig machen werde. Umso mehr, weil er uns verläßt, um im Radio die neuesten Nachrichten zu hören. Er nennt das Nachrichten. Ich würde ihn gerne hören lassen, daß er nicht wählerisch sei. Ich begnüge mich damit, ihn zu fragen, ob diese Nachrichten ihm interessant und wahr scheinen. Er antwortet mir unschuldig mit ja.

Das *Radio de Paris* unterrichtet uns zumindest von einer wahren Tatsache: Marschall Pétain ist Staatschef. Es enthüllt uns auch, daß Frankreich ein mutiges, aber erstaunlich leichtgläubiges Land sei, daß sein Heil in der Rückkehr zur Scholle liege, daß man die Einstellungen und nicht nur die Verfassung ändern müsse, daß die Verstopfung der Straßen und das Durcheinander der Flüchtlinge und der fliehenden Armee das Werk Englands gewesen seien. So besitzt Deutschland nicht nur den Boden Frankreichs, sondern auch seinen Äther. Diese massive Propaganda ist ohne jede Nuancierung. Aber Deutschland hat dieses Spiel mit den Anfängen der Hohlköpfigkeit leider nicht erfunden.

Ich spüre sehr deutlich, daß meine Frau die Sorge um unseren Sohn immer weniger erträgt. Und mir fällt es täglich schwerer, ihr die meine zu verbergen. Da kommt das Wunder, der Fingerzeig Gottes oder der Mensch, der den Lauf oder den Stillstand der Dinge korrigiert. Ich war mit Abel Delaveau in seiner Remise. Wir berechneten gemeinsam die Länge meiner Fahrt und die notwendige Menge

Benzin. Da erschien in der Türöffnung das Gesicht des Kolosses. Im Halbschatten war dieses Gesicht noch unförmiger. Aber die Augen, die wie ein langer blauer Strich zwischen den Wulsten seiner Lider wirkten, bettelten, flehten, wie allein die Augen eines treuen Hundes flehen können. Er stieß mit dem Kopf fast an die Dachbalken. Man hätte meinen können, einer jener Riesen, die die Weltkugel tragen.

Abel hat sehr viel stärker als ich das Gespür für den Moment und für die Menschen. Und es ist mir noch nicht gelungen zu verstehen, wie er, ohne ein einziges Wort ihrer Sprache zu kennen, sich bei den Deutschen immer verständlich machte. Sagen Sie nicht: Durch Gesten. Andere können auch gestikulieren. Durch den Blick, glaube ich, und durch irgendeinen Magnetismus. Der Gefreite hat genau verstanden, daß ich mangels 30 Liter Benzin vernünftigerweise nicht versuchen könne, meinen Sohn und mein Haus zu erreichen.

Abel weiß, daß die *Kommandanturen* Flüchtlingen fünf oder zehn Liter Benzin bewilligt haben und daß die Artillerielastwagen und die Feldküche in Chapelon über umfangreiche Vorräte verfügen. Er fragt den Gefreiten, ob man nicht welches bekommen könnte, wenn man sich an den Leutnant wendete. Aber der Gefreite antwortet: »*Offizier ... schlimm ...*« Und er richtet sich zu seiner riesigen Größe auf, hebt die Finger auf die Höhe seiner Nase und wiederholt mehrmals mit dem Anschein von Triumph und Stolz, in einer Art Rausch, den nur Männer kennen, die einen Entdeckerinstinkt haben: »*Ich ... Ich ... Ich ...*«

Er sagt, daß er uns noch heute abend am Holzschuppen hinter dem Hof dreißig Liter Benzin bringen werde. Aber er bittet zu warten, bis es vollständig dunkel sei. Das deutsche Wort »*Finsternis*« erscheint mir von einer unvergleichlichen Poesie. »*Finsternis*« übersetzt die Zacken des nächtlichen Blitzes in Klang. »*Finsternis*« enthält die so häufig erflehte Gunst der Dunkelheit, »*Finsternis*« – das ist die schöne Dunkelheit, die von einem schwachen Lichtschein durchzogen wird, der den Gefreiten aus der Tiefe des Obstgartens bis zum Holzschuppen des Bauernhofes führt.

Mit einem Finger an den Lippen bittet uns der Gefreite auch, den Frauen nichts zu erzählen. Jetzt habe ich den Eid gebrochen: Ich habe versprochen, ich habe geschworen.

Gegen zehn Uhr warte ich, begleitet von Abel, im Holzschuppen. Der Gefreite erscheint und trägt einen Zwanzigliterkanister, den Kanister eines Artillerielastwagens. Er stellt ihn auf den Boden, läßt uns nicht die Zeit, etwas zu sagen, bedeutet uns, das Licht zu löschen, bittet uns um einen Sack, um die drei Fünfliterkanister zu verbergen, die er uns noch bringen wird.

Alle drei sitzen wir vor dem Tisch von Abel Delaveau, der aus seinem Keller eine Flasche Savigny geholt hat. Es ist ein recht seltsames Gespräch, in dem Abel und ich versuchen, dem Koloß den Unterschied zwischen den Burgunderweinen und den Weinen im Bistro zu erklären.

Da habe ich in der Tiefe meines Gedächtnisses meinen deutschen Wortschatz zusammengesucht. »Ich erhebe nicht den Anspruch, die gute Absicht Ihres Herzens und Ihre Liebenswürdigkeit entlohnen zu wollen«, habe ich ihm gesagt. »So etwas läßt sich nicht bezahlen. Aber ich möchte Ihnen zumindest gern den Preis des Benzins ersetzen.«

Es wäre dem Koloß ein Leichtes gewesen, mich glauben zu lassen, er habe es gekauft oder zumindest dem Fahrer des Lastwagens »eine Münze zugesteckt«. Aber er brach in lautes Gelächter aus, in das gleiche Gelächter wie ein französischer Soldat, wenn man ihn fragte, wieviel er für die Knopfbürste oder die Glanzbürste bezahlt habe, die er in einer Stube für einen Kleiderappell geklaut hat. Und seine Augen leuchten vor Zufriedenheit. So ist der für zwölf Jahre verpflichtete Koloß nach acht Jahren Dienst ein Risiko eingegangen, das uneigennützigste aller Risiken, um Hitler fünfunddreißig Liter Benzin zu stehlen und sie mir zu bringen.

Ich habe ihn nach seiner Adresse in Deutschland gefragt. Ich habe mir vorgenommen, ihm nach dem Krieg ein Faß Beaujolais zu schicken. Werde ich es jemals können?

Aber wie man im Zustand der Schlaflosigkeit Ungeduld in den Beinen verspürt, fühle ich in meinem Körper bereits eine Spannung entstehen zwischen dem Wagen und mir, schon sehe ich mich auf der Straße und die Bäume vorbeiziehen.

Am nächsten Morgen verlassen wir Chapelon. Abel hat genau wie ich den Zusammenbruch erlebt. Aber wir können die langfristigen Auswirkungen nicht abschätzen. Wir sind geblendet von dem Wort Waffenstillstand, das provisorisch klingt. Ich breche mit der Illusion auf, ihn bald wiederzusehen.

Wir fahren ohne irgendeinen Zwischenfall. Toucy, Clamecy, Château-Chinon, Autun. Wir durchqueren eine Landschaft von liegengebliebenen Autos, Motorrädern mit oder ohne Beiwagen. Die Wiesen neben der Straße sind übersät von liegengebliebenen Autos. Aber ich habe nur noch Tournus und Saint-Amour am Ende der Straße vor Augen, ein Tournus und ein Saint-Amour außerhalb von Raum und Zeit des Krieges, ein Tournus und ein Saint-Amour außerhalb von Raum und Zeit, ein Tournus und ein Saint-Amour, die nur uns gehören und nur in uns sind.

Umherirrende Nomaden und lagernde Nomaden gewesen zu sein, hat uns, wie man in der Sprache der Labors sagt, für die vertrauten Landschaften sensibilisiert. Ich verstehe die Freude im Schrei des Schiffsjungen, der in den Seefahrergeschichten vom Mastkorb aus endlich »Land in Sicht« ruft. Wir sehen die klaren Linien der Landschaft der Yonne, die hohe Wand von Bäumen, die markante Zeichnung des Terrains, den Fluß ohne Schnörkel und Verzierungen so wieder, als wären sie uns gestohlen worden.

Ich weiß nicht mehr, wo wir hinter Toucy angehalten haben, um ein paar hartgekochte Eier zu essen. Hier wurde gekämpft, oder Truppen wurden von Flugzeugen verfolgt. Hemden, leere Flaschen, Schuhe, eine blutverschmierte Hose. Briefe, armselige Briefe, sind im Graben verstreut. So weit die Augen dem Graben folgen, erstreckt sich dieser Haufen Strandgut.

Die gewundenen Landstraßen sind von Wäldern gesäumt, gehen bergauf und bergab. Château-Chinon erscheint wie eine am Himmel hängende Festung zwischen den Bäumen. Wir durchqueren Dörfer mit bombardierten Häusern. Wir kreuzen deutsche Konvois und Motorräder. Als wir uns Chalon nähern, könnte ich nicht sagen, ob die Landschaft schön ist. Zu viele Erinnerungen hängen für uns daran. Sie ist flach, sanft, aus einem etwas weichen Material. Das Auge versinkt darin.

Wir sind in einen Lebensmittelladen gegangen. Die junge Händlerin hat einen Zug sanfter Unbekümmertheit, wie viele Frauen der Gegend. Ihre Aussprache des »r« ist leicht rollend, eingeschliffen, ohne Reibung, wie in Öl getaucht. Die Saône hat einen solchen Akzent, solange sie noch nicht, in Richtung Fleurville, einen indochinesischen Fluß spielt.

Ich bin nur wenige Minuten in Chalon geblieben. Aber ich habe einen Mondbewohner gesehen. Sein rundes Gesicht war das eines ernsthaften Mannes, eines durchschnittlichen Mannes. Er stützte sich auf seine Fensterbank, er sah wohlwollend auf die Straße. Auf irgendeine Bitte von mir um eine Auskunft antwortete er, als ob es gar keinen Krieg gegeben hätte, als ob die Deutschen nicht auch in Chalon wären, als ob wir uns noch im Juli 1939 befänden. »Aber hören Sie ...«, sage ich zu ihm, »Aber hören Sie, Chalon ist doch auch besetzt ...« Er antwortet mir in einem Ton, der von weither kommt, mit offenen Augen: »Ja, ja ... Ich persönlich habe ein paar deutsche Soldaten gesehen ... Aber es fehlt uns an nichts ...« Man möge hierin kein Zeichen der Chalonaiser Seele sehen. Aber ich hätte gerne gewußt, ob dieser Mann wirklich vom Mond gefallen oder ob er verrückt war.

Wir durchqueren Chalon; wir gelangen an die Grenze zwischen besetzter und freier Zone... Ein Offizier oder Unteroffizier mit dem Aussehen eines pedantischen Juristen prüft unsere Papiere. Wir dürfen passieren, er macht uns aber darauf aufmerksam, daß wir nicht mehr in die besetzte Zone zurückkehren können. Tatsächlich wartet in der entgegengesetzten Richtung eine lange Schlange stehender Wagen. Wir bedauern diese Obdachlosen, aber schnell, wir sind nur noch sechzig Kilometer von zu Hause entfernt.

Wir fahren nun in der freien Zone. Wir haben uns nicht vorgestellt, daß wir von einem Wort an der Nase herumgeführt werden könnten. Frei, wir sind frei. Frei in Frankreich. Diese Worte berauschen uns. Die Erde ist nicht mehr von Deutschen bedeckt, die Erde ist nicht mehr von der Niederlage bedeckt. Wir können fahren, wohin es uns gefällt, nach vorne und nach hinten, nach rechts und nach links. Wir lebten halb erstickt. Wir betreten eine durchlüftete Welt. Die Sitten sind sanft und feiner als es die Regel ist. Die Luft, die in unsere Lungen strömt, ist leicht. Es ist die Luft der Freiheit, zumindest glauben wir das. Sie berauscht uns. Wir waren nicht mehr daran gewöhnt. Armer Abel Delaveau in Ihrem Bauernhof, wo die Unteroffiziere sich an Ihrem Tisch breitmachen!

Was morgen geschehen wird, hat im Augenblick keine Bedeutung. Wir ermessen die Ausmaße des Teils Frankreichs nicht, der unter der Knute steht, und die des anderen. Der Waffenstillstand ist nur ein Abwarten, eine Klammer der Zeit, die es ermöglicht, wieder zu einer Seele zu kommen. Wir denken nicht nach der Geschichte, sondern nach dieser Landstraße, deren Kurven ich alle kenne. Wie man in einem alten Haus seine Kindheit wiederfindet, so finde ich hier alles, was in meinem Leben Hoffnung oder Liebe war.

Die Straße ist schmal, gesäumt von Hecken. Es ist keine Nationalstraße, aber es ist trotzdem eine Landstraße. Eine auf einem Klappstuhl sitzende alte Frau hütet ihre drei Ziegen. Sie hat ihren Stuhl halb auf die grasbewachsene Böschung, halb auf die Straße gestellt. Und ihre Ziegen ziehen von einer Hecke zur anderen. Wenn ich versuchte durchzukommen, würde ich eine Ziege oder die Alte überfahren. Vor dem Krieg, vor der deutschen Besatzung hätte ich sicher einen Wutanfall bekommen. Zumindest hätte ich die alte Frau verflucht, die es wagte, die Ideallinie meiner Reise zu unterbrechen, die es wagte, meinen Zeitplan zu durchkreuzen. Liebe Alte, ich weiß jetzt, daß die Landstraßen Frankreichs auch für alte Frauen und für Ziegen gemacht sind. Liebe Alte, deren Klappstuhl halb auf der Straße stand, ich wäre beinahe ausgestiegen, um Dich zu umarmen.

Eine Stunde später kamen wir an. Wir haben Paris am 11. Juni verlassen. Es war der 13. Juli. Ich fand meinen Sohn, den Frieden der Felder, die vertraute Erde und den vertrauten Himmel wieder. Und auch die Zeitungen und den menschlichen Irrtum und das, was man die Geschichte nennen muß. Aber die Geschichte und die Zeitungen – das ist eine andere Geschichte.

EIN FREIER GEIST AM WERK:
LÉON WERTH

Wer war der Franzose mit dem Namen Léon Werth, der Antoine de Saint-Exupery soviel bedeutet haben muß, daß er ihm »Der Kleine Prinz« widmete und daß er an ihn den im Zweiten Weltkrieg geschriebenen »Brief an eine Geisel« richtete?

Saint-Exupery, ein bei den Nachkriegsdeutschen beliebter und besonders der Jugend warm ans Herz gelegter Autor, ist immer noch sehr gefragt: sieben verschiedene Ausgaben des »Kleinen Prinzen« liegen im deutschen Buchhandel auf Lager, auch seine anderen Bücher sind lieferbar; hinzu kommen Biographien und ein Fotoband, der die letzten Tage des im Juli 1944 von einem Aufklärungsflug nicht mehr zurückgekehrten Piloten Saint-Exupery dokumentiert. Längst vergessen ist dagegen das Erinnerungsbuch, das der Freund Léon Werth nach dem Zweiten Weltkrieg geschrieben hat und das 1952 bei Karl Rauch auf deutsch herausgekommen war. Es heißt darin: »Saint-Exupery fertigte nicht sein eigenes Denkmal an. Mögen seine Freunde und seine Zufallsbekanntschaften seinem Beispiel folgen und ihm weder ein Denkmal der Verzweiflung noch ein Denkmal der Heiterkeit errichten.«

Hätte Werth sich unter die Denkmalpfleger begeben, so wäre vielleicht auch für ihn etwas von der Festbeleuchtung abgefallen, die 1994 aus Anlaß des fünfzigsten Todestages Saint-Exuperys aufgezogen worden ist; auf sich gestellt, mußte er sich jedoch mit dem literarischen Katzenbänkchen begnügen. Im Panorama der französischen Literatur des 20. Jahrhunderts, das in Deutschland eingeführt ist, fehlt der 1878 geborene und 1955 gestorbene Schriftsteller Leon Werth ganz und gar.

In Frankreich ist der Autor Werth Anfang der neunziger Jahre dank der risikobereiten Fürsorge des kleinen Pariser Verlags Editions Viviane Hamy wieder aus der Versenkung aufgetaucht. Aus dem Schatten des inzwischen mit dem Monument einer Pleiade-Ausgabe geehrten Saint-Exupery hervorgelockt, kommt ein ebenso unprätentiöser wie aufregender literarischer Chronist der ersten Hälfte des 20. Jahrhunderts zum Vorschein. Wer war Léon Werth? Er kam aus der Provinz, war als Sohn eines jüdischen Textilkaufmanns in Remiremont in den Vogesen aufgewachsen und hatte in Lyon das Gymnasium besucht. Im Paris der *belle époque* erlernte er dann als Journalist und Kunstkritiker das Schreibhandwerk. Ein erster Roman, »La maison blanche« (unter dem Titel »Das weiße Zimmer« 1994 in Cotta's Bibliothek der Moderne herausgebracht), erschien 1913 mit einem Vorwort Valery Larbauds; das literarische Milieu war bereits auf den Schriftsteller Werth aufmerksam geworden, man schlug ihn sogar, wenn auch erfolglos, für den Prix Goncourt vor. Der Ausbruch des Ersten Weltkriegs setzte jenen heiteren »Jahren der Bankette« – so apostrophiert der amerikanische Kulturhistoriker Roger Shattuck die *belle époque* der Eric Satie und Henri Rousseau – abrupt ein Ende. Unversehens vom vaterländischen Hund gebissen wie so viele Schriftsteller und Künstler beiderseits der Grenzen, meldete sich Werth, der als Zwanzigjähriger widerwillig seinen Wehrdienst abgeleistet hatte, als Kriegsfreiwilliger.

Die Feuerwalzen über den Schützengräben kurierten den Soldaten Werth rasch von dem Verlangen nach männlichen Erweckungserlebnissen. Gleich nach der Entlassung setzte er sich hin und brachte seinen Ekel an Krieg und Militär zu Papier, in Form eines zweiten Romans, der 1919 unter dem Titel »Clavel soldat« erschien. Im siegesberauschten Frankreich wurde das Buch jedoch nur beiläufig zur Kenntnis genommen. Werth nahm den Journalistenberuf wieder auf, arbeitete als Gerichtsreporter, schrieb über Gegenstände wie die Tour de France und über die Unterschiede zwischen Tanzen und Dancing; eine Reise in die damalige französische Kolonie Indochina, zu der ihn ein Freund eingeladen hatte, wurde zum Wendepunkt: wie zur gleichen Zeit André Gide bei Reisen durch Afrika, so entdeckte Werth in Südostasien hinter den Fassaden der ehrenwerten republikanischen Kolonialverwaltung einen Morast aus Korruption, schamloser Ausbeutung und Willkürjustiz. Mit dem kritischen Erfahrungsbericht »Cochinchine«, den er 1926 veröffentlichte, handelte Werth sich dann auch Nachstellungen durch die politische Polizei ein. Henri Barbusse, Autor des weit über Frankreich hinaus bekanntgewordenen Antikriegsromans »Le Feu« und Mitglied der Kommunistischen Partei, wurde auf den antimilitaristischen und antikolonialistischen Schriftsteller aufmerksam und holte ihn Ende der zwanziger Jahre als Redakteur in die von ihm gegründete und geleitete Zeitschrift *Monde*, die zum großen Verdruß der Partei viele nichtkommunistische Autoren publizierte. Leon Werth zählte Anfang der dreißiger Jahre zur Linken, ließ sich aber nicht für die Sache einer politischen Partei einspannen.

1934 trat er dem von André Malraux und André Gide ins Leben gerufenen »Wachsamkeitskomitee antifaschistischer Schriftsteller« bei, das sich als linke Antwort auf den Putschversuch der extremen Rechten gegen die amtierende Regierung vom Februar 1934 verstand. Werth schrieb in der von Emmanuel Berl geleiteten Wochenzeitung *Marianne*, die 1932 von Gaston Gallimard in der Absicht gegründet worden war, den populären Wochenzeitungen *Gringoire* und *Je suis partout* der nationalistischen Rechten Konkurrenz zu machen. Die entstehende Volksfront nährte die Hoffnung, nach Hitlers Machtübernahme in Deutschland einen weiteren Vormarsch des Faschismus in Europa stoppen zu können.

Werth begrüßte das neue Bündnis zwischen den seit 1920 miteinander verfeindeten Kommunisten und Sozialisten, ließ sich aber nicht zum Gefangenen der antifaschistischen Einheit machen. 1935 protestierte er zusammen mit Georges Duhamel, Boris Souvarine und einigen anderen gegen die Verfolgung des russischen Revolutionärs und Schriftstellers Victor Serge in Stalins Sowjetunion. Nicht nur Kommunisten versuchten den Protest zu unterbinden, sondern auch Weggenossen wie André Malraux, denen die Einheitsfront über alles und der Ruf nach Freiheit für einen einzelnen auf die Nerven ging. Nachdem Serge 1936 nach Belgien hatte ausreisen können, rief er ein Komitee zur Untersuchung der Moskauer Prozesse ins Leben, an dem sich neben André Breton nur wenige bekannte Intellektuelle beteiligten; Léon Werth gehörte dazu. Anders als Breton erlag Werth jedoch nicht der Versuchung, von der Ablehnung Stalins zur Verehrung eines Gegen-Stalin in Gestalt Trotzkijs überzugehen. Ein unabhängiger Geist, dieser Léon Werth: Victor Serge erwähnt ihn mehrfach in seinen »Erinnerungen«, nennt ihn einen »humanen und subtilen Romancier«.

Schon als Gymnasiast neigte er dazu, nicht mitzumachen, wenn es ihm gegen den Strich ging, so kam es auch, daß er trotz guter Noten die Aufnahme in die Ecole Normale Superieure vermasselte. Bei der schriftlichen Prüfung wurde er aufgefordert, eine Abhandlung zum Thema Generalstände von 1614 abzuliefern. Draußen lockte schönes Sommerwetter, der Prüfling schrieb nur einen einzigen Satz und empfahl sich: »Die Generalstände von 1614 waren ganz bedeutungslose Generalstände. Léon Werth«. Mitgeteilt hat die Anekdote der Historiker Lucien Febvre, mit dem Werth seit den dreißiger Jahren befreundet war. Beide besaßen Feriensitze in Saint-Amour, einem Jurastädtchen zwischen Lons-le-Saunier und Bourg-en-Bresse; Febvre hatte das von uralten Zedern umstandene bäuerliche Anwesen »Le Souget« erworben, Werth ein abseits der Ortschaft gelegenes Holzhaus mit dem hübschen

Namen »Chantemerle« (etwa: Amselsang). Ein durch die Felder führender Weg machte Werth und Febvre quasi zu Nachbarn.

Wie in den vorausgegangenen Sommern, so bereitete sich die Familie Werth auch im Sommer 1940 auf die Abreise nach Saint-Amour vor. Sie war nur früher dran als gewöhnlich, und sie brach auch nicht aus freien Stücken auf. Am 10. Mai 1940 hatte Hitlers Wehrmacht die Offensive gegen die Niederlande, Belgien und Frankreich begonnen, am 9. Juni standen ihre Panzer bereits an der Marne. Halb Paris war auf der Flucht Richtung Süden, als Léon Werth und seine Frau Suzanne am 11. Juni ihren Bugatti Baujahr 1932 bestiegen. Statt wie erwartet gegen Abend Saint-Amour zu erreichen, hatten sie am Abend des 11. Juni gerade ein paar dutzend Kilometer zurückgelegt. Als Truppen der Wehrmacht am 14. Juni in Paris einmarschierten, waren die Werths auf hoffnungslos verstopften Straßen ihrem Ziel immer noch nicht nennenswert nähergekommen. Erst nach dreiunddreißig Tagen kamen sie in ihrem Ferienhaus an.

In der Zwischenzeit wurde Frankreich politisch völlig umgekrempelt: der greise Marschall Philippe Pétain löste den zivilen Ministerpräsidenten Paul Reynaud an der Spitze der Regierung ab, der mit einem Teil der Armee nach England entkommene General de Gaulle rief von London aus zum Weiterkämpfen auf, während in Compiegne ein Waffenstillstandsabkommen mit Nazideutschland unterzeichnet wurde; das Parlament entmachtete sich selbst mit überwältigender Mehrheit und übertrug alle

Vollmachten auf Marschall Pétain, der sich daraufhin zum Chef des verfassungsmäßig gar nicht existierenden »Etat Français« ernannte, und das Land wurde entsprechend den Waffenstillstandsbedingungen in zwei Zonen aufgeteilt, in den von der Wehrmacht besetzten Norden und in den französisch verwalteten Süden.

Doch nicht von den politischen Großereignissen handelt Léon Werths Buch »33 Jours«, das zu seinen Lebzeiten ungedruckt blieb und erstmals 1992 publiziert wurde. Verläßliche Nachrichten drangen ohnehin nur selten ans Ohr der im Juni und Juli 1940 auf Nebenstraßen und in Dörfern festsitzenden Flüchtlinge; was von Mund zu Mund weitergereicht wurde, waren Gerüchte und Fetzen von Kriegspropaganda. Es geht dem Autor um die Aufzeichnung der Beobachtungen, die er unterwegs unter seinen Landsleuten anstellt, sowohl denen, die mit ihm in die gleiche Richtung fliehen, als auch bei den Bauern und Dorfbewohnern, die unterwegs ihre unfreiwilligen Gastgeber werden. Da der Treck an der Loire wochenlang zum Stillstand kam, hatte Werth Gelegenheit, das Verhalten und die Meinungen einzelner Personen angesichts der Ausnahmesituation ausgiebig zu studieren. Sein Augenmerk richtet sich besonders auf die Haltung, in der sie Soldaten der deutschen Wehrmacht begegnen, die sich zu Beginn der Okkupation noch um halbwegs korrektes Auftreten bemüht. Voll Respekt porträtiert er den Bauern Abel Delaveau, der sich von der militärischen Übermacht nicht beeindrucken läßt, sie sogar gelegentlich überlistet und dabei zuallererst Hilfe für die Schwächeren im Auge hat. Staunend schaut

Werth andernorts zu, wie für deutsche Soldaten Champagner aufgefahren wird, während versprengte französische Soldaten nur Wein bekommen. Was später aus den einen Kollaborateure und aus den anderen Widerstandskämpfer oder zumindest deren Sympathisanten machen wird, scheint in Werths Bericht bereits mit Händen zu greifen zu sein. Die Fronten des verdeckten Bürgerkriegs, der im Vichy-Frankreich schwelen wird, werden in Andeutungen sichtbar: die Trennlinien gehen mitten durch die Dörfer und die Kleinstädte, sie gehen aber auch mitten durch die sozialen Klassen.

Léon und Susanne Werth waren noch einmal glimpflich davongekommen. Nach fünf Wochen des Ausharrens konnten sie die Kontrollen an der Demarkationslinie zwischen der besetzten und der unbesetzten Zone bei Chalon-sur-Saone passieren und sich in ihrem Ferienhaus ausruhen, in dem ihr Sohn Claude auf sie wartete. Deutsche Uniformen bekam Werth bis Ende 1942, als die Wehrmacht auch den Süden besetzte, nicht mehr zu Gesicht; doch auch ohne Präsenz der Besatzungsmacht war er über Nacht ein Gefangener im eigenen Land geworden: seiner Bewegungsfreiheit als Schriftsteller war er fortan beraubt. Das von der Vichy-Regierung ohne Druck von seiten Nazideutschlands sogleich am 3. August 1940 verkündete Judenstatut verhängte über jüdische Hochschullehrer, jüdische Rechtsanwälte, jüdische Journalisten ein Berufsverbot; das zwischen dem deutschen Botschafter Otto Abetz und dem französischen Verlegerverband ausgehandelte Verfahren der durch deutsche Zensurvorschriften abgestützten französischen Selbstzensur sorgte dafür, daß jüdische Autoren auch keine Bücher mehr veröffentlichen konnten. Léon Werth zog es unter diesen Umständen vor, in seinem Haus in Saint-Amour zu bleiben und die weitere Entwicklung abzuwarten; Suzanne Werth kehrte jedoch nach Paris zurück, um die fortan getrennt lebende Familie durch ihre Arbeit in einer Bank ernähren zu können.

»33 Jours« endet mit der Ankunft in »Chantemerle«. Dreieinhalb Jahre, bis zur Rückkehr nach Paris im Januar 1944, hielt Leon Werth in seiner Einsiedelei aus, äußerlich untätig, doch als Schreiber keineswegs beschäftigungslos. Unermüdlich zeichnete er auf, was er um sich herum sah und hörte, was und wie die zensierten Zeitungen berichteten, was ihm bei seinen Beobachtungen durch den Kopf ging, wovon er träumte. Werth, der vor dem Ersten Weltkrieg einmal nach Weimar gereist war, träumte nach der Lektüre der Gespräche mit Eckermann sogar von Goethe: »Oberes Ende einer geraden Treppe, in einem Raum, der nach Speicher und nach Theaterkulisse aussieht. Oben auf der Treppe Goethe. Goethe betrachtet aufmerksam einen Lichtschalter, der sich in meiner Reichweite befindet und dessen Zweck ihm offenbar unbekannt ist. Ich drehe ihn: das Licht geht an. ›Licht‹, sagt Goethe. Ich sage daraufhin und lasse mir Zeit: ›Es ist etwas Großes, Goethe, dieses Wort *in Ihrem Mund*‹. Ich habe das bestimmt auf deutsch gesagt, zumindest in einem Wort für Wort aus dem Französischen übersetzten Deutsch, aber ich erinnere mich nur an: ›in Ihrem Mund‹. Goethe antwortet mir in gutem Französisch: ›C'est bien aimable ce que vous dites la…‹«

Eintragungen dieser Art sind nicht die Regel. Werth hat kein Journal intime geführt, sondern ein politisches Tagebuch: 1948 ist es unter dem Titel »Déposition. Journal 1940-1944« mit einem Vorwort von Lucien Febvre veröffentlicht worden, doch große Beachtung wurde diesem 700 Seiten starken Augenzeugenbericht kurz nach Kriegsende nicht geschenkt. Erst bei der Wiederveröffentlichung im Jahr 1992 ging vielen Lesern in Frankreich auf, welch einzigartige Chronik jenes Vichy-Frankreich, das François Mitterrand in Übereinstimmung mit der Mehrheitsmeinung aus der Kontinuität französischer Geschichte hatte herausbrechen wollen, Léon Werth angefertigt hatte. Etwa zur gleichen Zeit waren die Tagebücher Pierre Drieu la Rochelles publiziert worden, jenes begabten und zerrissenen Schriftstellers, der über seinen Tändeleien mit der Idee faschistischer Härte zum Nazikollaborateur geworden war und sich in Erwartung seines Verratsprozesses 1945 das Leben nahm; auf der einen Seite der morbide Glanz, der über den Bekenntnissen des Salonfaschisten Drieu liegt, auf der anderen das aufklärende Licht, das Werths Augenzeugenbericht in die in Frankreich gern als »schwarze Jahre« apostrophierte Vichy-Zeit hineinbringt. »Werth, das ist der Anti-Drieu«, sagte der Historiker Pierre Vidal-Naquet, der als junger jüdischer Franzose die Auswirkungen von Pétains sogenannter nationaler Revolution am eigenen Leib erfahren hatte. »Kaum eine Lektüre ist so sehr wie diese imstande, einen mit dem Gedanken zu versöhnen, ein Intellektueller zu sein.«

Was ist das intellektuell Vorbildliche an Werths Bericht?

Daß er nicht nur eine minutiös sprachkritisch verfahrende Analyse der spezifischen Vichy-Mentalität vorlegt, die sein Verfasser zutiefst verabscheut, sondern daß er auch von der Fähigkeit des Beobachters zeugt, sein eigenes Verhalten und seine eigene Rolle selbstkritisch zu reflektieren. Es versteht sich von selbst, daß die Ideologie des Regimes von Marschall Pétain, das ihn aus der französischen Nation ausstieß, dem Betroffenen ein Greuel ist; doch weniger selbstverständlich ist, daß er an sich selbst die Frage zu stellen vermag, ob er nicht auch selbst durch alltägliche Gesten zivilen Gehorsams zur Stabilisierung der abgelehnten Verhältnisse beiträgt. Um beispielsweise die Arbeit der Postzensoren zu erleichtern, bestand die Vorschrift, zwischen der besetzten und der unbesetzten Zone nur auf vorgedruckten Postkarten zu korrespondieren. Werth merkte dazu an:

»Ich gebe zu, ich habe wie jedermann diese scheußlichen Postkarten für die Korrespondenz zwischen beiden Zonen benutzt. Dort sind Kästchen vorgesehen für alle unsere Gefühlsäußerungen und für alle Begebenheiten in Kriegs- wie in Friedenszeiten. Eine starke Regierung sollte selbst nach einem Friedensschluß nur noch diese Art Korrespondenz erlauben. Sie würde ihrem Volk gefährliche Verirrungen des Gefühls ersparen, und diesem Volk wäre stets bewußt, daß alle Gefühle und alle Gedanken unter der Kontrolle des Staates stehen. Wäre kein Franzose bereit gewesen, diese Karten zu benützen – ich möchte nicht gleich behaupten, die deutschen Truppen hätten sich hinter den Rhein zurückgezogen. Doch hätten wir den einzigen uns verbleibenden Sieg errungen. Und wir hätten den Feind auf andere Weise aus dem Konzept gebracht als durch die Flucht über die Straßen.«

Daß der Intellektuelle Werth, der über seinen Büchern und Papieren sitzt und bei den ihm wohlgesonnenen bäuerlichen Nachbarn Sendungen des gaullistischen Radio London hört, verdächtigt wird, ein »Roter« oder sonst ein Störenfried zu sein, macht ihm nichts aus. Er klagt auch nicht darüber, daß er nichts mehr veröffentlichen kann und für die Schubladen schreiben muß. Doch er empört sich, als die Verschärfung der antijüdischen Politik des Vichy-Regimes ihn dazu zwingt, sich aufs Amt zu begeben und sich dort als Jude registrieren zu lassen:

»Ich fühle mich gedemütigt, es ist das erste Mal, daß die Gesellschaft mich demütigt. Ich fühle mich gedemütigt, nicht weil ich Jude bin, sondern weil man mir als Juden einen minderen Wert beimißt. Es ist absurd, es kommt vielleicht vom Laster des Stolzes, aber es ist so.

Somit zwingen mich der Marschall und Xavier Vallat (der Bevollmächtigte für Judenfragen) dazu, mich auf ein jüdisches Vaterland zu berufen, an das ich mich nicht gebunden fühlte. Ein Vaterland, ein einziges, ist manchmal schon zuviel. Man denkt nicht daran, man macht davon kein Aufhebens. Wenn aber ein Fremder mich durch dieses Vaterland hindurch demütigen will, bin ich verletzt und weiß nicht mehr, ob ich mehr dieses Vaterland oder mehr mich selbst verteidigen soll. Doch die simpelste Würde gebietet mir, mich mit ihm zu identifizieren.«

Aus der Ferne verfolgt Léon Werth das Treiben seiner

in Paris verbliebenen Schriftstellerkollegen. Seinen Bekannten Ramon Fernandez, einen Mann, der es in den dreißiger Jahren mit den Kommunisten gehalten hatte, entdeckt er als eines der Häupter der literarischen Kollaboration wieder. Entsetzt nimmt er zur Kenntnis, daß französische Künstler, die er schätzt und über die er als Kunstkritiker geschrieben hat, sich von den Nazis einlullen und korrumpieren lassen. Am 15. Dezember 1941 notiert er im Tagebuch:

»Ich erfahre, daß hundert Franzosen in Paris erschossen werden sollen. Ich erfahre gleichzeitig, daß Derain, Vlaminck, Segonzac und andere Maler, daß Musiker und Schriftsteller Hitlers Einladung zur Lustreise nach Deutschland angenommen haben.

Lustreise … Vielleicht werden sie an der Tür ihres Waggons mit dem Taschentuch winken, um freundlich ein paar Franzosen zu grüßen, die ein anderer Zug zum Lager Auschwitz transportiert und die im Lager Auschwitz sterben werden.

Was für einen schönen Dokumentarfilm hätte man drehen können! Bankett unter dem Vorsitz des Bildhauers Breker. Dazu ›Toneinblendung‹: klirrende Champagnergläser, knallende Korken, Maschinengewehrgeknatter. Optische Entsprechung: ein Bediensteter richtet auf dem Boden leere Flaschen aus, deutsche Soldaten richten auf dem Boden die Leichen erschossener Geiseln aus.«

Wer es wissen wollte, so zeigt diese Eintragung, konnte bereits im Dezember 1941 vom Sterben in Auschwitz etwas wissen, auch wenn man wie Werth tief hinten in der französischen Provinz saß. Seine Gesprächspartner sind, von Ladeninhabern, Beamten, Ärzten und Lehrern abgesehen, fast ausschließlich Bauern. Manchmal ärgert ihn die stumpfe bäuerliche Bodenständigkeit, die nur aufs Nächstliegende achtet, auf den Zustand des Wetters und des Viehs, doch nach längerer Beobachtung geht ihm auf, daß der Sinn fürs Konkrete gerade die Bauern unzugänglich macht für die Propagandarhetorik des Regimes in Vichy. Nachdem sich in der Südzone bewaffnete Widerstandsgruppen gebildet haben, die Militärzüge zum Entgleisen bringen und Attentate verüben, sind die Bauern der Nachbarschaft durch keine per Radio verbreiteten Hetzreden dazu zu bringen, die Resistanceleute als »Terroristen« und »Verbrecher« zu betrachten. Wenn die Bauern den Maquis erwähnen, schreibt Werth, dann in einem fast zärtlichen Ton: »Man darf behaupten, ohne der Sache Gewalt anzutun, daß der Maquis mit ihrem Frankreich und mit ihrer Freiheit zusammenfällt, mit der Freiheit im gröbsten, materiellsten Sinn.«

Warum sind die einen zur Kollaboration bereit, was versetzt andere in die Lage, nein zu sagen und sich den diktatorisch verkündeten Vorschriften und Maßnahmen listig oder offen couragiert zu widersetzen? Werths »Déposition« enthält eine bemerkenswerte, am lebenden Objekt erarbeitete Studie zur Psychologie der Kollaboration. Soziale Faktoren reichen nämlich nicht aus, um die Bereitschaft zum Mitmachen zu erklären; der eine Arzt schneidet heimlich einem verwundeten Maquisard die Kugel heraus und wird dafür bestraft, der andere Arzt entpuppt sich als

Faschist, der die Nazis begrüßt, die wieder »Ordnung in den Sauhaufen« brächten; die eine Kleinbürgerin betet den Marschall Pétain an, weil der, wie sie sagt, »unsere Vermögen gerettet hat«, die andere setzt auf den noch machtlosen de Gaulle. Was macht den entscheidenden Unterschied aus? Eine kategorische Antwort auf diese Frage findet Werth nicht heraus, er fordert vielmehr dazu auf, sich auf die Geschichten, die er zu seinen Anschauungsbeispielen hinzuerzählt, einen eigenen politischen Reim zu machen.

Wenn Werths Zufluchtsort Saint-Amour von grausamen Repressionsaktionen der deutschen Besatzer auch verschont blieb, so behält der Chronist doch stets im Auge, daß die erste Verantwortung für Massaker und Massendeportationen in Frankreich die deutsche Besatzungsmacht trägt. Was hat, fragt er sich, aus dem Deutschland, das er in jungen Jahren kennengelernt hatte, letzten Endes dieses Hitlerdeutschland gemacht? »Deutschland war krank nach dem Ersten Weltkrieg. Es konsultierte mehrere Ärzte und ließ dann die Weimarer Republik ans Krankenbett kommen, doch die stellte keine gute Diagnose. Deutschland tat dann, was viele Kranke tun, wenn sie die Nase voll haben: das Land ging zum Kurpfuscher. Kurpfuscher können zuweilen Knochen wieder einrenken oder durch Suggestion Wirkungen erzielen. Deutschland glaubte, durch Hitler gerettet worden zu sein. Doch Kurpfuscher können weder Diabetes noch Pocken heilen.« Pétain und Laval, schreibt er an anderer Stelle, versuchten sich nach dem Debakel von 1940 ebenfalls in Wald-und-Wiesen-Medizin: »Man bringt

ihnen einen Schwerverletzten, der aus dem sechsten Stock
gestürzt ist. Schädelbruch. Sie beugen sich über ihn und
empfehlen ihm Diät, die Beachtung hygienischer Grund-
regeln und körperliche Ertüchtigung.« Wer hätte Pétains
im Badeort Vichy amtierendes Kurpfuscher-Regime je
treffender charakterisiert?

Als nach dem Fall von Stalingrad abzusehen ist, daß die
Vorherrschaft der Nazis über Europa nicht mehr ewig dauern wird, denkt Léon Werth immer wieder darüber nach,
ob es überhaupt eine angemessene und gerechte Bestra-
fung der Verbrechen geben kann, derer die Deutschen sich
schuldig gemacht haben. Und er fragt sich zugleich, was
aus dem Haß werden soll, der in all denen steckt, die unter den Deutschen gelitten haben: »Darf man annehmen,
daß eine neue, daß eine weniger gräßliche Welt aus diesem Haß entsteht? Was soll mit dem Haß geschehen, der
in uns ist? Was soll mit dem Haß geschehen, wenn sein Anlaß nur noch der Vergangenheit angehört? Das schlimmste
wäre, zu vergessen. Das schlimmste wäre, alles diesem Haß
unterzuordnen. Und wie sollte man bestrafen? Welche
Strafen wären wirkungsvoll? Ja, wie sollen wir mit unserem Haß umgehen? Mit unserem Haß auf die Deutschen,
die töteten und folterten, mit unserem Haß auf die Franzosen, die ihre Komplizen waren?«

Werths »Déposition« endet mit Aufzeichnungen von
der Befreiung der Hauptstadt Paris. Der als Jude abge-
stempelte Franzose Léon Werth kann endlich wieder auf
die Straße gehen, ohne befürchten zu müssen, daß man ihn
festhält oder gar irgendwohin abtransportiert. Er sieht die

Panzer der Armee des Generals Leclerc durchs Quartier Latin rollen, er stimmt in den allgemeinen Jubel über die Befreiung mit ein; sein Blick übersieht aber auch nicht die gefangenen Wehrmachtssoldaten, die mit hinter dem Nacken verschränkten Händen zum Vergnügen der Schaulustigen auf den Panzern umhergefahren werden. Er notiert dazu:

»Die Panzer fahren vorbei und schenken mir mein Stück Sieg, mein Stück Freiheit. Eine zu starke Freude, eine Freude, die ich nicht lange in mir behalten kann, ohne daß sie verdirbt. Ich leide unter der Demütigung dieser Männer. Sie ist notwendig, sie entspricht der Gerechtigkeit selbst. Ich bin damit einverstanden, sie befriedigt mich, sie beruhigt mich, und ich kann mich nicht über sie freuen.

Ist dieses Gefühl so kompliziert, so schwer zu begreifen? Alle, denen ich es bekannt habe, haben mir gesagt: ›Sie vergessen, was sie getan haben, die Morde und die Folter...‹ Ich vergesse nichts. Aber wenn ein Mensch gedemütigt wird, ist seine Demütigung in mir.«

Der Historiker Lucien Febvre nannte »Déposition« in seinem Vorwort von 1948 ein »wunderbares historisches Dokument«. Ein Dokument, gewiß, ebenso wie »33 Jours« ein einzigartiges Dokument des »Exodus« von 1940 ist. Aber es dokumentiert noch etwas anderes als die Erfahrung der autoritären Vichy-Herrschaft und des nationalsozialistischen Besatzungsregiments: Werths Aufzeichnungen zeugen von etwas ganz Seltenem, von einer wachen Intelligenz des Humanen, eines Humanen, das keine großen Prinzipien vor sich hertragen muß, um sich im Zweifelsfall an ihnen festhalten zu können. Er kann schon wüten, aber er kann nicht lange wüten, ohne zu denken; sobald er denkt, denkt er human, ohne daß er es sich vorsagen muß. Werth hat Pétain mit dem falschen gütigen Großvaterblick stets zum Teufel gewünscht – aber seine Hinrichtung wünschte er nicht: den medaillenbehängten Marschall vor angetretenen Mannschaften feierlich degradiert zu sehen, das war sein Wunschtraum von einer angemessenen Strafe. Nach der Libération ging vielen französischen Intellektuellen der Ruf nach dem Erschießungskommando für Kollaborateure leicht und schnell von den Lippen, oft gerade solchen, die selbst durchaus mitgemacht hatten im Kulturbetrieb von Vichy. Léon Werth hielt auch jetzt Abstand zu ihnen; es war ihm genug, die Schande der geistigen Schandtäter in seinen Aufzeichnungen festgehalten zu haben.

Léon Werth ist 1955 im Alter von 77 Jahren in Paris gestorben. Für deutsche Leser hat der Schriftsteller Werth eben erst zu leben begonnen. Es hängt nun von diesen Lesern ab, welchen Verlauf *dieses* Leben nimmt und welche Überraschungen es noch bereithält. Ab sofort läßt sich mit ihm Bekanntschaft schließen.

Frankfurt am Main, im Mai 1996   *Lothar Baier*